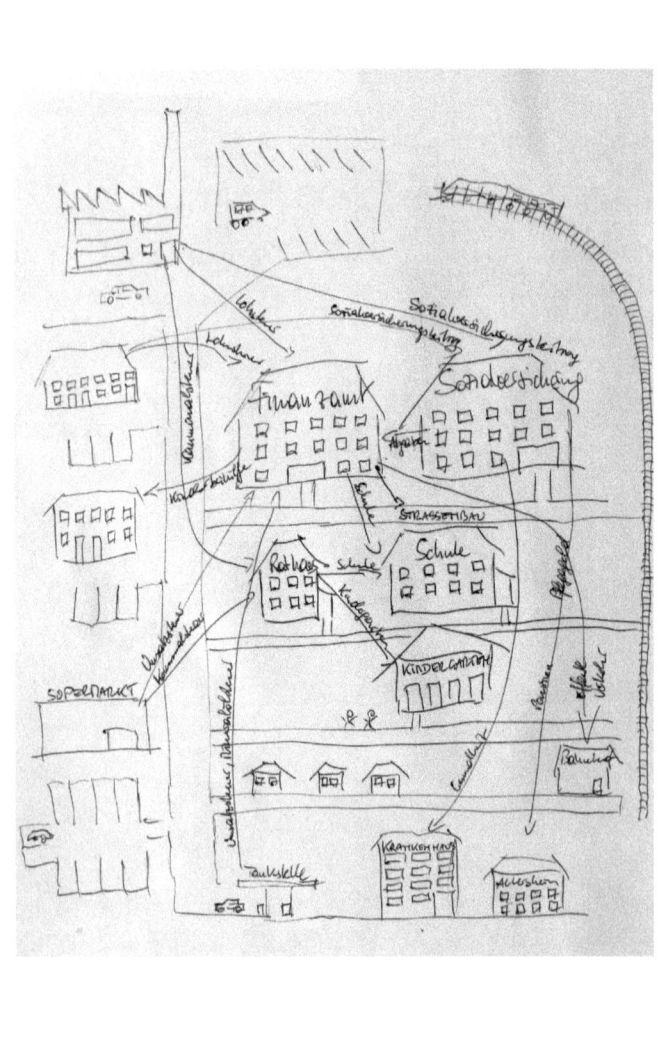

Alexander Pfeiffer

Sozialbeitrag statt Steuern und Abgaben

die Lösung für:

- mehr Arbeitsplätze
- weniger Arbeitslosigkeit
- keine Schwarzarbeit
- soziale Sicherheit
- sichere Pensionen
- Fairness

© 2016 Alexander Pfeiffer
Umschlag, Illustration: Alexander Pfeiffer
Lektorat, Korrektorat: Alexander Pfeiffer

Verlag: tredition GmbH, Hamburg

ISBN
978-3-7345-3458-4 (Paperback)
978-3-7345-3459-1 (Hardcover)
978-3-7345-3460-7 (e-Book)

Paperback   978-3-7345-3458-4
Hardcover   978-3-7345-3459-1
e-Book   978-3-7345-3460-7

Printed in Germany

Vorwort

In diesem Buch erfahren Sie grob, wie unser heutiges Steuersystem funktioniert und weshalb es so attraktiv ist, am System vorbei zu arbeiten.

Danach wird eine einfache Lösung vorgestellt, die für alle Beteiligten – Private, Unternehmer und Staat – eine echte Vereinfachung darstellen würde und gleichzeitig Schwarzarbeit unattraktiv macht.

Zusätzlich reduziert diese einfache Lösung die Arbeitskosten im Inland und erhöht damit die Attraktivität des Wirtschaftsstandorts Österreich. Das wiederum führt zu mehr Arbeitsplätzen, weniger Arbeitslosen und eröffnet die Möglichkeit, länger berufstätig zu bleiben.

Und nachdem dieses System wirklich einfach ist, wäre auch gleich eine Verwaltungsreform damit verbunden.

Das heißt: alle seit Jahren bestehenden Herausforderungen – Verwaltungsreform, Arbeitsplätze, Pensionsreform, Schwarzarbeit um nur ein paar zu nennen – wären mit einem Schlag erledigt.

Ich habe versucht, nicht zu sehr ins Detail zu gehen. Leider ist das nicht bei allen Themen möglich gewesen, aber im Großen und Ganzen ….

Bei den in diesem Buch angestellten Berechnungen, war ich auf die im Internet auffindbaren Informationen angewiesen. Sie erheben somit nicht den Anspruch auf absolute Korrektheit. Da es hier nur um eine Systembeschreibung geht, sind minimale Abweichungen bei den Zahlen auch nicht von Bedeutung.

Inhaltsverzeichnis

Einleitung

Seit Jahrzehnten höre ich – ja, ich schreibe in Ich-Form, da ich ja nicht sicher sein kann, ob man (wer auch immer das jetzt sein mag) es hört oder Sie es auch hören und damit WIR es hören - , dass unser Pensionssystem so auf Dauer nicht finanziert werden kann, man Arbeitsplätze schaffen muss, eine Verwaltungsreform unbedingt notwendig ist. Außerdem muss unbedingt etwas gegen Schwarzarbeit und Steuerhinterziehung gemacht werden, weil dadurch dem Finanzminister als Kassier der Nation soundsoviel Milliarden an Einnahmen durch die Lappen gehen.

Vor sechsundzwanzig Jahren – 1990 – habe ich zu arbeiten begonnen. Bereits in der ersten Woche wurde ich von einem netten Kollegen darauf angesprochen, dass ich eine private Pensions-versicherung zusätzlich zur staatlichen abschließen soll, weil man weiß ja nie wie das mit unserem Pensionssystem einmal weitergehen wird und was für Zeiten auf uns zukommen. Ein Jahr später habe ich das dann auch gemacht. Umso unvorstellbarer ist es für mich, dass es heute Menschen in meinem Alter gibt, die über keine private Zusatzvorsorge in welcher Form auch immer verfügen. Aber das ist eine andere Geschichte.

In diesem Buch geht es nicht darum, wie das vom Hauptkassier eingenommene Geld ausgegeben wird, sondern darum, die Einnahmen – auch Steuern und Abgaben genannt – einfacher zu gestalten und damit einen Teil der seit Jahrzehnten herbeigesehnten Verwaltungsreform umzusetzen.

Was bedeutet überhaupt Verwaltungsreform? Unter Reform versteht man eine „planmäßige Neuordnung, Umgestaltung, Verbesserung des Bestehenden" (Quelle: Duden). Oder anders formuliert: so wie es ist soll es in Zukunft nicht mehr sein, sondern nach einem anderen Plan hoffentlich besser. Dummerweise weiß man oft erst viel später, ob es wirklich besser geworden ist. Von einer Verwaltungsreform erwartet sich jeder, dass alles einfacher wird. Wenn alles einfacher wird, heißt das doch automatisch, dass auch weniger Personen in der Verwaltung benötigt werden. Und das bedeutet den Verlust von Arbeitsplätzen, die durch neue Betriebsansiedlungen wieder ausgeglichen werden müssen. Und zu diesen neuen Betriebsansiedlungen soll es aufgrund der Verwaltungsreform kommen, weil dadurch der Standort Österreich attraktiver werden soll.

Heute ist übrigens Frühjahr 2016: der ehemalige Verkehrsminister Stöger ist gerade als Nachfolger von Hundstorfer (der Bundespräsident werden möchte und in ein paar Wochen kläglich scheitert) vom Verkehrsminister (davor war er Gesundheits-minister) zum Sozialminister geworden und über beide lese ich gerade Interviews in der Tageszeitung „DerStandard" (Ausgabe vom 29. Jänner 2016) und angehängt jeweils ein klitzekleiner Lebenslauf. Spannend finde ich daran, dass Stöger als gelernter Maschinenschlosser drei Jahre lang Obmann der Oberösterreichischen Gebietskrankenkasse war. Ich stelle mir gerade die Gesichter der entscheidenden Kommissionsmitglieder vor, wenn sich auf eine Ausschreibung für den Obmann der Gebietskrankenkasse ein Maschinenschlosser bewirbt. Wen muss der Maschinenschlosser kennen, damit er diesen Job bekommt? Die weitere Recherche zeigt jedoch, dass er im zweiten Bildungsweg seine akademische Laufbahn vorbereitet hat. Dass man mit Absolvierung der Sozialakademie das Zeug für den Verkehrsminister erwirbt, ist zu hinterfragen.

Interessant an dem Interview mit Stöger war für mich seine Feststellung: „Ich kann zwar die Instrumente der Arbeitsmarktpolitik ständig von neuem schärfen und stärken, wie etwa die Ausbildungsgarantie für Jugendliche. Aber besetzen lassen sich letztlich nur Stellen, die durch Investitionen und Wachstum geschaffen werden. Die Arbeitsplätze fallen leider nicht vom Himmel." Er sieht sich also nur als Verwalter der Arbeitslosen und kann leider keinen nennenswerten Beitrag leisten um sie – die Arbeitslosen – wieder in den Arbeitsmarkt einzugliedern. Eine durchaus weit verbreitet Einstellung: Es muss etwas getan werden, aber von den anderen und nicht von mir.

Und darin liegt vermutlich auch der Hund begraben: jeder schaut auf seinen Bereich und nicht über den Tellerrand hinaus. Eine Eigenschaft, die in der Privatwirtschaft jedem Manager auch auf unteren Ebenen abverlangt wird.

Aber genauso wie in Regierungskreisen findet dieses Handeln schließlich auch im Privatbereich statt: Schwarzarbeit ist böse wenn es der andere macht, aber dass ich eine Nachhilfestunde versteuern soll oder die paar Netsch (wienerisch für wenig Geld), die ich für das Putzen bei der Oma der Schwester der Mutter des Freundes meiner Tochter bekommen habe, das kann doch wohl nicht ernst gemeint sein. Und außerdem: die anderen machen es ja auch und da geht es um viel höhere Beträge.

Vorwurf kann man diesen Menschen nur schwer machen, nachdem nicht einmal ein ehemaliger Finanzminister (schön, reich, intelligent; einfach: bistdudeppat hammermässig) seine Steuern korrekt abgeführt hat (hoppla: es gilt natürlich die Unschuldsvermutung, da das Verfahren noch nicht abgeschlossen ist).

In den folgenden Kapiteln geht es so kurz wie

möglich und daher nur ganz grob um unser heutiges System von Steuern und Abgaben. Danach wird jedem klar sein, dass das wirklich nicht leicht zu verwalten ist – weder vom Kassier und seinen Mitarbeitern (viel zu viele) noch von jedem einzelnen Steuerzahler oder nennen wir manche lieber Steuersystemverweigerer und somit Steuersünder und Abgabenhinterzieher. Erst kürzlich hörte ich dazu auch den Begriff Sozialschmarotzer der etwas anderen Art: genießt die Vorteile unseres Systems ohne sich im Rahmen seiner Möglichkeiten an der Finanzierung zu beteiligen.

Noch etwas bevor Sie weiterlesen: in diesem Buch wird nicht gegendert ([gedschendert]), da es noch lesbar bleiben soll. Noch nie von gegendert gehört? Damit ist gemeint, dass ein Text geschlechtsneutral formuliert sein soll, damit weder Männer noch Frauen diskriminiert werden. Das wohl bekannteste Beispiel sind die „Söhne und Töchter" in unserer Bundeshymne. Nachdem das sehr leicht zur Unlesbarkeit führen kann, lasse ich das in diesem Buch bleiben. Es sind aber natürlich immer Männer und Frauen gleichermaßen gemeint – sowohl bei positiven als auch bei negativen Punkten.

Sozialbeitrag statt Steuern und Abgaben

Unser System heute

Übersicht

In unserem lieben Österreich leben etwas mehr als 8,5 Millionen Menschen, von denen etwa die Hälfte (4,3 Millionen) einer beruflichen Beschäftigung nachgehen (Erwerbstätige). Der Rest ist entweder noch zu jung zum Arbeiten, nicht berufstätig oder bereits in Pension.

Man kann also grob sagen: 8,5 Millionen Menschen leben davon, dass 4,3 Millionen arbeiten gehen. Ich weiß nicht, wie Sie das sehen, aber ich finde das bemerkenswert. Vor allem wenn man bedenkt, dass es den meisten von uns relativ gut geht. Dafür sorgt schließlich unser Sozialsystem.

Diese 8,5 Millionen Menschen verteilen sich auf 3,7 Millionen Haushalte.

Der Durchschnittshaushalt „Öschnitt"

Der statistische Durchschnittshaushalt Öschnitt ergibt sich wie folgt (Quelle: Statistik Austria für 2014; Daten mangels Verfügbarkeit teilweise aus 2012):

Einwohner:	8.543.932
davon unter 19 Jahre im Jahr 2014:	1.686.089
Haushalte:	3.769.000 mit 8.415.000 Einwohnern, Rest nicht in Privathaushalten sondern in Heimen und sonstigen Anstalten)
Erwerbspersonen: (Arbeitnehmer, Angestellte, Selbständige und öffentlicher Dienst)	4.303.918
Lohnsteuerpflichtige (mit Pensionisten):	6.710.641 (2012: 6.601.883)
Einkommensteuer- pflichtige (2012):	614.854
Steuerpflichtige (2012):	6.899.974

Im Haushalt Öschnitt leben somit 2,23 Personen von denen 0,45 unter 19 Jahre alt sind (dieser Gruppe unterstelle ich damit es einfacher ist, dass sie nicht arbeiten geht) und 1,14 aktiv im Berufsleben stehen oder gerade arbeitslos sind.

Dieser Haushalt Öschnitt hat im Jahr 34.638 Euro

zur Verfügung. Das sind im Monat 2.886,50 Euro. Dabei handelt es sich bereits um den Nettobetrag, also das, was im Schnitt jedes Monat auf das Bankkonto kommt und zwar inklusive Sozialleistungen. Im Schnitt deshalb, weil Urlaubs- und Weihnachtsgeld da schon anteilig berücksichtigt sind. Bei dem Betrag ist bereits die Familienbeihilfe dabei und vielleicht auch der eine oder andere Absetzbetrag und sonst irgendeine Unterstützung. Haushalt Öschnitt hat also bereits Lohnsteuer bezahlt und Sozialversicherungsbeiträge geleistet, damit sie auch krank werden können, ohne tief ins Börsel greifen zu müssen. Außerdem hilft die Sozialversicherung auch noch bei Arbeitslosigkeit und ganz besonders toll ist sie, wenn man einmal in Pension gehen möchte, kann oder muss. Es ist übrigens egal, wie viele Kinder man hat: auch wenn nur einer in der Familie arbeiten geht, zahlt man nicht mehr Sozialversicherungsbeitrag damit alle Krankheitskosten bezahlt werden.

Von diesen 2.886,50 Euro kauft Öschnitt alles was so zum Leben notwendig ist – und manchmal auch ein bisschen mehr: Essen, Kleidung, Wohnung, Auto und vielleicht geht sich auch noch ein Urlaub aus. Und bei allen diesen Ausgaben wird noch einmal Steuer bezahlt: die liebe Umsatzsteuer. Sie ist übrigens nach der Lohnsteuer die größte Einnahmequelle. Jeder, der in einem Geschäft etwas kauft, zahlt zehn bis zwanzig Prozent Umsatzsteuer. Bei manchen Dingen schlägt die Steuer gleich mehrfach zu: beim Tanken zahlen wir auch noch Mineralölsteuer, beim Kauf von Sekt Schaumweinsteuer, bei Zigaretten Tabaksteuer, und so geht es mit Bierabgabe, Alkoholsteuer, Werbeabgabe, Energieabgabe und Normverbrauchsabgabe munter weiter.

Wenn Haushalt Öschnitt also eine Jacke um 120 Euro kauft, gehen 20 Euro an Mehrwertsteuer in die Staatskasse. Von den restlichen 100 Euro bleibt ein kleiner Teil beim Händler (der davon wieder seine Mitarbeiter zahlt die wiederum Lohnsteuer und Sozialversicherung zahlen und vom Rest ihr Leben bezahlen und wieder Umsatzsteuer zahlen und so weiter), ein weiterer Teil beim Großhändler (gleiches Spiel wie oben) und der Rest beim Hersteller (wieder gleiches Spiel).

Und so dreht sich unser Steuergeld im Kreis und hält die Wirtschaft am Leben. An diesem Beispiel sieht man auch sehr schön, dass jeder gesparte Euro diesen Kreislauf stört.

Unser System besteht einerseits aus Mittelherkunft – Steuern und Abgaben, die vom Finanzminister und seiner Truppe eingehoben werden – und andererseits aus der Mittelverwendung. Mit der Mittelverwendung – also wofür das Geld ausgegeben wird – möchte ich mich in diesem Buch nicht großartig beschäftigen. Hier geht es nur um die Mittelherkunft. Wer bezahlt also?

Die Erwerbstätigen

Grob kann unterteilt werden in Arbeitnehmer und Selbständige. Bei den Arbeitnehmern unterscheidet man Angestellte, Arbeiter, Beamte und sogenannte freie Dienstnehmer. Bei den Selbständigen gibt es Gewerbetreibende und sogenannte Freiberufler.

Arbeitnehmern – egal ob Angestellte, Arbeiter, Beamte oder auch Pensionisten (sind zwar keine Arbeitnehmer mehr, aber die Abrechnung ist ähnlich) – werden bereits von ihrem Arbeitgeber bei der monatlichen Lohn- oder Gehaltsabrechnung sowohl Steuern als auch Sozialversicherungsbeiträge abgezogen. Das kennt jeder von seinem Lohnzettel. Zusätzlich zahlt der Arbeitgeber noch einen feinen Batzen an lohnabhängigen Beiträgen an Sozialversicherungsanstalt, Gemeinde und Co. Für diese Abrechnung der Löhne und Gehälter – ich nenne sie in Folge nur Bezüge – beschäftigt jedes Unternehmen Personalverrechner. Das sind extra für die korrekte Berechnung der Steuern und Abgaben ausgebildete Personen.

Als Laie klingt das doch schon ein wenig

komisch: für ein bisschen Steuern und Sozialversicherung brauche ich eigens ausgebildete Mitarbeiter? Tja, das ist wirklich so. Bei der Abrechnung sind doch eine Reihe von Bestimmungen zu berücksichtigen: Einkommensteuergesetz, Angestelltengesetz, Allgemeines Bürgerliches Gesetzbuch, Kollektivverträge und noch jede Menge weitere Vorschriften wie beispielsweise Regelungen zu Urlaub, Mutterschutz oder Karenz.

Ein kleiner Blick in das alle Jahre wieder vom Finanzministerium herausgegebene Steuerhandbuch zeigt uns auf einen Blick, dass diese Abrechnerei nicht ganz so einfach sein dürfte: Dieses für den nicht in Personalverrechnung ausgebildeten Bürger geschriebene Werk hat über 150 Seiten. Wenn man es um Formularbeispiele, Inhaltsverzeichnis, Stichwortverzeichnis und Adressenverzeichnis kürzt, bleiben noch immer mehr als 100 Seiten übrig. Jetzt einmal ehrlich: wer liest das? In diesem Buch sieht man auf jeden Fall, dass der Arbeitgeber nicht nur Steuern vom Bezug abzieht sondern auch gleich ein paar Unterstützungen berücksichtigen kann: die bekanntesten sind Pendlerpauschale und Familienbeihilfe.

Aber neben diesen beiden gibt es noch eine Reihe anderer Begünstigungen, die jeder Arbeitnehmer geltend machen kann. Allerdings muss er sich dafür ein bisschen mit diesem doch recht komplizierten System auskennen. Man könnte meinen, die

Regierungen der vergangenen Jahrzehnte haben bewusst ein derart komplexes Werk daraus werden lassen, damit möglichst wenige auf die Idee kommen, sich ihre Steuern zurückzuholen. Die Einnahmen, die sozusagen ungerechtfertigterweise bzw. mangels besseres Wissen der Betroffenen in die Staatskasse fließen, machen angeblich jährlich mehrere hundert Millionen Euro aus. Das klingt jetzt viel, ist aber in Wirklichkeit bei einem Gesamtbudget von über 70 Milliarden Euro für den Staat verschmerzbar. Aber so mancher von uns würde sich über den einen oder anderen Euro sicherlich freuen. Wenn es nicht so kompliziert wäre.

Das Budget

Das war schon eine recht interessante Zahl: über 70 Milliarden Euro ist also das Budget 2016. Genauer: 71,9 Milliarden Einnahmen und 77 Milliarden Ausgaben. Wie viel ist das? Bei aktuell ca. 8,5 Mio. Einwohnern sind das durchschnittlich etwas mehr als 8.300 Euro, die pro Österreicher eingenommen werden und 9.000, die ausgegeben werden. Das heißt: Der Finanzminister gibt für uns mehr aus als er von uns bekommt. Wichtig: durchschnittlich für jeden einzelnen von uns, also für das soeben Neugeborene, das gerade das Licht der Welt erblickt hat genauso wie für den Spitzenmanager und auch den Augustin-Verkäufer am Eck.

Bevor hier jetzt die Emotionen hochgehen: der Spitzenmanager wird im Regelfall mehr zahlen als er bekommt. Für den Großteil der Bevölkerung verhält es sich genau umgekehrt: wir bekommen mehr als wir bezahlen – zumindest bei einfacher Betrachtung. Das soll aber natürlich nicht heißen, dass wir alle von Spitzenmanagern leben. Wie das System als Ganzes funktioniert ist ein richtig kompliziertes Zusammenspiel aus vielen ineinander fließenden Vorgängen, die ich in folgendem Beispiel stark vereinfacht darstellen möchte.

Probleme, Probleme, Probleme – die Herausforderung

Noch einmal zurück zum Anfang: gefordert werden Verwaltungsreform, Pensionsreform, mehr Arbeitsplätze, niedrigere Kosten für Arbeit, weniger Administrationsaufwand für Unternehmen. Die beiden letzten Forderungen immer in Zusammenhang mit mehr Arbeitsplätzen. Viele haben schon davon gehört, manche waren vielleicht sogar selbst davon betroffen: im Ausland kostet Arbeit weniger als bei uns und deshalb wandern viele Betriebe ins Ausland ab. Das trifft jetzt nicht gerade auf unsere direkten Nachbarn in Mitteleuropa zu, aber Richtung Osten gehen die Kosten je Arbeitsstunde ruckizucki in den Keller. Und da der Transport über tausende Kilometer billiger ist, als gleich hier zu produzieren und die Mehrheit beim Einkaufen auf den Preis schaut, ist das eine ganz logische Folge.

Arbeitskosten

Warum kostet das Produzieren bei uns so viel? Das ist relativ leicht erklärt: nehmen wir einen Arbeiter, der 2.000 EUR brutto im Monat bekommt. Netto bleiben diesem Arbeiter nicht ganz 1.500 EUR übrig. Zusätzlich gibt es noch Urlaubs- und Weihnachtsgeld jeweils einmal im Jahr, wo ein bisschen mehr netto rauskommt. Der Arbeitgeber – das Unternehmen – muss zusätzlich noch Sozialversicherungsbeiträge, Wohnbauförderungsbeitrag, Kommunalsteuer, Beitrag zum Insolvenzentgeltsicherungsfonds, und einiges mehr zahlen. Damit der Arbeiter netto 1.500 bekommt, muss der Arbeitgeber insgesamt ca. 2.650 ausgeben. Das ganze dann vierzehn mal im Jahr und der Arbeiter arbeitet aber nur ca. 10 Monate, weil wir fünf Wochen Urlaub machen dürfen, viele Feiertage zuhause bleiben und hin und wieder auch einmal krank sind. Und so kostet dann die Arbeitsstunde dieses Arbeiters über 22 Euro. Das sind aber nur die direkt für den Arbeiter anfallenden Kosten. Dazu kommen dann noch Kosten für eine Sicherheitsfachkraft, die darauf schaut, dass dem Arbeiter nichts passieren kann, Kosten für die Lohnverrechnung (die hatten wir schon weiter oben), Kosten für die Fabrik (logisch, irgendwo muss schließlich gearbeitet werden), Kosten für den Vertriebsmitarbeiter, der der ganzen Welt verkündet, was dieser Arbeiter tolles produziert und Kosten für Buchhaltung und Lohnverrechnung. Und natürlich muss irgendjemand darauf schauen, dass das alles funktioniert – die Geschäftsführung oder das sogenannte Management. Diese ganzen Nebengeräusche können die Kosten pro Arbeitsstunde gut und gerne auf das Doppelte bis Dreifache ansteigen lassen. Dass es bei allen diesen Kosten nicht möglich ist, in einem Supermarkt ein T-Shirt um 5 Euro zu verkaufen, ist wohl jedem klar. Deshalb steht auf dem Etikett in diesem T-Shirt vermutlich auch nicht „Made in Austria" sondern eher „Made in Bangladesch" oder „Made in China" oder „Made in Vietnam" oder irgendein anderes Land in dem wir nie und nimmer leben wollen. Länder, in denen auf Arbeitssicherheit weniger Wert gelegt wird, es weniger bis gar keine Sozialleistungen gibt, das Wort „Urlaub" möglicherweise in deren Sprache gar nicht vorhanden ist, aber dafür auch schon Kinder arbeiten „dürfen". Ereignisse wie der Einsturz einer Textilfabrik in Bangladesch im Jahr 2013, bei dem mehr als 1138 Textilarbeiter ums Leben gekommen sind, versuchen uns diese inakzeptable Realität vor Augen zu führen.

Geiz ist geil – oder doch nicht?

Damit wir in Österreich Arbeitsplätze schaffen beziehungsweise die Abwanderung von Unternehmen vermeiden könnten, müsste also einfach jeder Österreicher beim Einkaufen darauf schauen, wo das Zeugs herkommt, dass er kauft und nur mehr „Made in Austria" ins Wagerl legen. So einfach ist das. Wäre da nicht ….. ja was eigentlich? Warum machen wir das nicht? Weil wir sparsam sind? Weil wir gierig sind? Weil wir immer das Neueste haben wollen, das auf dem ins Haus flatternden Werbeprospekt gerade up to date ist? Oder einfach weil Geiz geil ist, zumindest behauptet das die Werbung.

Vielleicht machen wir es auch deshalb nicht, weil es uns nicht leicht fällt, das T-Shirt um 50 Euro zu kaufen, wenn daneben eines um 5 Euro angeboten wird. Weil es komisch ist, beim Friseur 60 Euro zu zahlen, wenn ich doch das gleiche nach einer knappen Stunde Autofahrt im benachbarten Ausland um 15 Euro bekomme. Weil ich sparsam bin, wenn ich mein Auto beim EU-Nachbarn reparieren lasse, anstatt in der Werkstatt ums Eck 100 Euro pro Stunde hinblättern zu müssen. Seien wir uns mal ehrlich: 100 Euro pro Stunde für den Mechaniker? Das ist doch ein Witz. Mein Psychotherapeut kostet weniger und der hat zehn Jahre studieren müssen, damit er sich meine Probleme anhören und dafür abcashen darf.

Um Arbeitsplätze zu schaffen müssen also die Arbeitskosten sinken damit die Produkte billiger werden und sie von der Mehrheit gekauft werden. Wie das gehen soll, sehen wir später.

Steuern und Abgaben

Vorerst noch ein bisschen zu unserem bestehenden System: Es gibt also eine Menge Steuern und Abgaben und sonstige Nebenkosten, die natürlich auch irgendjemand verwalten und überprüfen muss. Um die Einnahmen aus den Sozialversicherungsbeiträgen kümmert sich die Sozialversicherungsanstalt. Uups, sorry, das war jetzt ungenau. Es ist natürlich nicht die Sozialversicherungsanstalt sondern es sind die Mitarbeiter in den Sozialversicherungsanstalten. Aus irgendeinem unerklärlichen Grund gibt es in Österreich 22 Sozialversicherungsträger. Das klingt nicht nur komisch, sondern ist es auch.

AUVA -Allgemeine Unfallvers.-anstalt	BGKK - Burgenländische Gebietskrankenkasse	BVA - Versicherungs-anstalt öffentlich Bediensteter
HVB - Hauptverband d. österreichischen Sozialversicher-ungsträger	KGKK - Kärntner Gebietskrankenkasse	NÖGKK – Niederösterr. Gebietskrankenkasse
OÖGKK - Forum Gesundheit	PVA – Pensionsver-sicherungsanstalt	SGKK - Salzburger Gebietskrankenk.
STGKK – Steiermärkische Gebietskrankenkasse	SVA - Sozialversicher-ungsanstalt der gewerblichen Wirtschaft	SVB - Sozialversicher-ungsanstalt der Bauern
TGKK - Tiroler Gebietskrankenkasse	VAEB - Versicherungs-anstalt für Eisen-bahnen u. Bergbau	VGKK - Vorarlberger Gebietskrankenkasse
WGKK - Wiener Gebietskrankenkasse	BKK-VA - BKK voestalpine Bahnsysteme	BKK Mondi - Betriebskranken-kasse Mondi
BKK-WVB - BKK der Wiener Verkehrsbetriebe	BKK-AT – BKK der Austria Tabak	BKK-Zeltweg
BKK Kapfenberg		

In jedem Bundesland gibt es eine Gebietskrankenkasse für Arbeitnehmer, dann gibt es noch die für Eisenbahner, Bauern, Selbständige, Notariatsangestellte und öffentlich Bedienstete. Daneben noch die AUVA (Allgemeine Unfallversicherungsanstalt), sechs Betriebskrankenkassen und die Pensionsversicherungsanstalt.

Das besonders perverse ist: Egal in welchem Bundesland ein Arbeitnehmer arbeitet, sind die zu zahlenden Beiträge immer gleich hoch – aber die Leistungen sind unterschiedlich. In dem einen Bundesland wird die Zahnregulierung des Sprösslings bezahlt und in einem anderen wieder nicht.

Mit den Beiträgen müssen auch die Mitarbeiter bezahlt werden, die dieses komplexe System verwalten. Insgesamt sind bei den diversen Sozialversicherungsanstalten mehrere tausend Personen beschäftigt. Sie kümmern sich unter anderem darum, dass die Unternehmen ihre Beiträge rechtzeitig und in der richtigen Höhe zahlen und natürlich auch darum, dass jeder das bekommt, was ihm aus dem System zusteht – nicht mehr und nicht weniger. Eine Verwaltungsreform in diesem Bereich sollte dazu führen, dass das System einfacher und billiger wird – damit die Beiträge sinken können und der Arbeitsplatz in Österreich billiger wird. Wenn das System einfacher ist, sind aber auch nicht so viele Mitarbeiter notwendig um es zu verwalten und damit automatisch ein paar Arbeitsplätze weniger vorhanden. Das klingt jetzt wieder nicht so gut. Allerdings wird das Mehr an Arbeitsplätzen in der Wirtschaft das Weniger an Arbeitsplätzen in der Verwaltung bei den Sozialversicherungen bei weitem ausgleichen. Im breiten Bereich der Sozialverwaltung (inklusive Arbeitsmarktservice) sind mehr als 32.000 Personen beschäftigt.

Natürlich gibt es für unsere Steuern auch jede Menge Mitarbeiter, die sich darum kümmern, dass wir brav unsere Steuern zahlen: Die Mitarbeiter der Finanzämter. In Österreich sind in 40 Finanzämtern mit 80 Standorten etwa 6.800 Mitarbeiter beschäftigt. Zusätzlich gibt es noch 9 Zollämter mit österreichweit etwa 1.700 Mitarbeitern.

Ausland

Eine weitere Möglichkeit, Arbeitsplätze in Österreich zu schaffen, wäre, den Import aus dem Ausland unattraktiver zu machen. Nachdem wir Teil der Europäischen Union sind, sind wir hier den Regeln der EU mehr oder weniger ausgeliefert und haben mit dem EU-Beitritt unsere Flexibilität aufgegeben. Das klingt jetzt negativ und provokant sowie EU-kritisch. Nachdem Österreich vor dem EU-Beitritt etwa 60 % seines Auslandsumsatzes mit Deutschland gemacht hat, war der EU-Beitritt damals nicht schädlich. Außerdem waren zum österreichischen Beitrittszeitpunkt nur Länder in der EU, die ebenfalls über ein entsprechendes Sozialsystem und ähnliche wirtschaftliche Rahmenbedingungen verfügt haben. Erst später sind dann die Balkanländer dazugekommen. Dort ist das Lohnniveau weit unter unserem und die Sozialsysteme ebenfalls nicht vergleichbar. Dementsprechend sind die Arbeitskosten niedriger und ist die Abwanderung von Produktionen aus Mitteleuropa und damit auch aus Österreich nach beispielsweise Rumänien äußerst attraktiv. Schließlich soll jeder möglichst billig produzieren, damit wir – Geiz ist geil – billig kaufen können. Dumm nur, dass wir dann keine Arbeit mehr haben; aber das ist eine andere Geschichte.

Klima- und Erderwärmung

Das nächste Stichwort lautet Klimaerwärmung. Damit kann irgendwie niemand etwas anfangen – oder will es zumindest nicht. Es ist nicht greifbar und damit ist es uns egal. Schön, dass irgendwelche Wissenschaftler errechnen, dass sich die Erde aufgrund unserer Abgase erwärmt und das Eis am Nord- und Südpol schmilzt und irgendwo der Meeresspiegel ansteigt und dadurch Inseln verschwinden und Dörfer oder vielleicht sogar Städte überschwemmt werden.

Sozialbeitrag statt Steuern und Abgaben

Mir egal, ich lebe in den Alpen und wenn es wärmer ist, brauche ich wenigstens nicht mehr so viel Schnee schaufeln und die Winterreifen spare ich mir in Zukunft auch. Alles super. Trotzdem sollen die Abgase reduziert werden. Die Frage ist nur: wer macht es? Hier kommt dieser beliebte ein-n-ige „man" ins Spiel. Den braucht man auch nicht gendern, weil er geschlechtsneutral niemand bestimmter ist und sich dadurch auch niemand verpflichtet fühlt. Man muss die Abgase reduzieren. Das ist politisch auf jeden Fall besser vertretbar als: Du darfst nicht mehr mit dem Auto fahren! Das würde auch nie jemand sagen. Nicht nur weil alle Autobegeisterten dann auszucken würden, sondern weil mit dem Auto auch jede Menge Arbeitsplätze verbunden sind. Eine zumindest für die Arbeitsplätze nicht dramatische Ansage wäre: Du darfst nur mehr mit einem Auto fahren, dass auf 100 km nicht mehr als drei Liter verbraucht - egal wie schnell du fährst. Das wäre einmal eine Herausforderung an die Entwickler.

Aber um über die Erderwärmung und damit verbundene notwendige Klimaschutzmaßnahmen wieder zur Schaffung von Arbeitsplätzen zu kommen: vielleicht sollte der Transport teurer werden. Und damit meine ich jetzt nicht nur den Transport von Bangladesch nach Österreich sondern auch innerhalb von Österreich. Erst letzthin habe ich ein

Honigglas in der Hand gehalten, das wir bei einem der Diskonter gekauft haben. Auf dem Honigglas stand, dass es von einem Imker aus dem Nachbarort ist. Meine Verwunderung war groß: kann ich wirklich bei einem der großen Diskonter Honig aus dem Nachbarort kaufen? Entsetzt war ich dann über den Aufdruck: Abgefüllt in .... 120 Kilometer weiter weg. Das klingt doch nach einem riesengroßen Schwachsinn, oder?

Also nur über die Transportkosten Produkte aus dem Ausland teurer zu machen, wird vermutlich nicht zu einer gigantischen Schaffung von Arbeitsplätzen in Österreich führen.

Schwarzarbeit

Ein zweiter Versuch wäre, die Schwarzarbeit einzudämmen oder abzuschaffen. Das sind schließlich auch Arbeitsplätze. Allerdings hat noch keiner der Hauptkassiere der letzten Jahrzehnte eine echte Lösung gefunden. Aktuell wird gerade die Registrierkassenpflicht eingeführt. Davon erwartet sich unser Finanzminister, dass in ein paar angeblich besonders kreativ wirtschaftenden Branchen die Schattenwirtschaft (klingt lieblicher als Schwarzarbeit) unterbunden wird. Dabei geht es nicht nur um die Gastronomie sondern auch um Taxibetriebe, Bauwirtschaft, Ergotherapeuten, Physiotherapeuten, und so weiter: einfach um alle, die ihre Einnahmen überwiegend mit Bargeld abwickeln. Insgesamt wieder einmal eine lustig komplizierte Regelung, die alle Unternehmen trifft: die „bösen" und die „braven". Und damit haben wir wieder mehr Verwaltungsaufwand. Also alles andere als eine Verwaltungsreform im Sinne einer Verwaltungsvereinfachung und schon gar nicht eine Erhöhung der Attraktivität des Wirtschaftsstandorts Österreich.

Eine ähnliche Idee wurde bereits 2009 umgesetzt: damals war es die Einführung der Auftraggeberhaftung. Ziel war es, den Schaden durch insolvente Baufirmen zu reduzieren. In dieser Branche gab es ein paar kreative Steuertrixer, die für ein Projekt eine Baufirma gegründet haben, alles notwendige eingekauft und sich die Vorsteuer vom Finanzamt zurückgeholt haben und am Ende des Projekts leider zahlungsunfähig geworden sind und in Konkurs gehen mussten. Dabei sind Sozialversicherungsbeiträge nicht bezahlt worden und die Umsatzsteuer auch „untergegangen". Mit diesem 2009 eingeführten Gesetz wurde die Haftung für diese Abgaben auf den Auftraggeber übertragen. Das heißt: bevor ein Unternehmen an eine Baufirma eine Rechnung bezahlt, musste in einer Liste nachgesehen werden, ob diese Baufirma sozusagen vertrauenswürdig ist. Wenn sie nicht in der Liste ist, muss ein Viertel der Rechnungssumme direkt an die Sozialversicherung überwiesen werden und die Baufirma bekommt um den Betrag weniger bezahlt. Auch diese Regelung ist eindeutig keine Verwaltungsvereinfachung.

Das ist übrigens eine beliebte Vorgehensweise: anstatt eine Lösung zu suchen, die einfach zum Ziel führt, wird die vorhandene Regelung beibehalten und durch weitere Regeln komplizierter gemacht. Möglicherweise in der Hoffnung darauf, dass die Beteiligten einfach aufgeben – und abwandern?

Sozialbeitrag statt Steuern und Abgaben

Die Herausforderung

Stellt sich also die Frage: ist es möglich, durch eine Verwaltungs- und Steuerreform die Lohnnebenkosten zu senken und damit Arbeit in Österreich preiswerter zu machen um Unternehmen so von der Abwanderung aus Österreich abzuhalten oder sogar zur Ansiedlung zu bewegen und gleichzeitig auch noch Schwarzarbeit unattraktiver zu machen? Und darum geht es in den folgenden Kapiteln.

Die Beträge – das Budget

Um welche Beträge geht es hier eigentlich? Die größten Einnahmequellen sind laut Budget 2016 (in Millionen EUR):

Sozialversicherungsbeiträge (Wert aus 2014)	44.701
Umsatzsteuer	28.200
Lohnsteuer	24.800
Körperschaftssteuer	6.300
Mineralölsteuer	4.250
Einkommensteuer	4.150

Von den Sozialversicherungsbeiträgen wissen wir bereits, dass Arbeitnehmer und Arbeitgeber gemeinsam zahlen dürfen. Natürlich leisten auch die Selbständigen, Bauern, Freiberufler und Pensionisten ihren Beitrag.

Die Umsatzsteuer zahlen wir jedes Mal wenn wir irgendetwas kaufen. Damit ist in Wirklichkeit jeder Konsument auch Steuerzahler.

Die Lohnsteuer wird von unserem Arbeitgeber gleich von unserem Bruttogehalt abgezogen und an das Finanzamt überwiesen. Das ist auch bei den Pensionisten so.

Die Körperschaftssteuer zahlen Kapitalgesellschaften. Das sind GmbHs und AGs.

Mineralölsteuer zahlen wieder wir wenn wir tanken und muss die Tankstelle an das Finanzamt überweisen.

Und zu guter Letzt die Einkommensteuer: die wird von allen Selbständigen bezahlt. Also Firmen die keine GmbH oder AG sind und Bauern, Freiberufler und Vermieter.

Mit jeder dieser Steuern sind jede Menge Leute beschäftigt: in den Unternehmen Mitarbeitende, die berechnen, wie viel bezahlt werden muss und bei den Finanzämtern und Sozialversicherungen wiederum Personen, die schauen ob das auch stimmt und hin und wieder auch bei den Firmen vorbeischauen um richtig genau zu prüfen.

Bisher wurde immer nur versucht, Regelungen zu finden, die geprüft oder nicht umgangen werden können. Eine andere Möglichkeit wäre, es so zu regeln, dass niemand diese Regeln umgehen möchte.

Ich möchte das am Beispiel Schwarzarbeit erklären:

Angenommen unser Haushalt Öschnitt sucht jemanden, der seinem Kind in Mathematik ein bisschen auf die Sprünge hilft. Schnell ist ein Lehrer gefunden, der das für 25 oder 30 Euro pro Stunde gerne macht. Diese 25 oder 30 Euro will er natürlich netto haben. Nachdem er aktiver Lehrer ist, müsste er zusätzlich zu seinem Lehrer-Job ein Gewerbe anmelden und damit Grundumlage an die Wirtschaftskammer abführen, beim Finanzamt eine Steuernummer lösen, bei der gewerblichen Sozialversicherung Sozialversicherungsbeiträge bezahlen und mir eine Rechnung ausstellen auf der vielleicht auch noch Umsatzsteuer draufsteht, wenn er so richtig viele Nachhilfestunden macht. Diese Umsatzsteuer muss der Lehrer dann an das Finanzamt überweisen und für den Rest der ihm übrig bleibt am Ende des Jahres eine Einkommensteuererklärung abgeben und brav Einkommensteuer zahlen. Damit ihm für die Stunde Nachhilfe netto 25 Euro bleiben müsste Öschnitt ihm etwa 60 Euro zahlen. Für den Lehrer ist das mühsam und für Öschnitt so teuer, dass er sein Kind lieber mit den Mathematikbüchern im Zimmer einsperrt und es soll das Zeugs gefälligst selbst lernen. Oder wir machen es halt so – ohne Rechnung und passt schon.

Systemanforderung 1 – keine Schwarzarbeit

Ein System in dem alle „brav" wirtschaften, müsste also viel einfacher sein und mindestens für einen der beiden einen Vorteil bringen. Wenn bei unserem Beispiel mit der Mathematiknachhilfe auf die 25 Euro nur die Mehrwertsteuer drauf kommt und bei Öschnitt diese Ausgabe über insgesamt jetzt 30 Euro die Steuerbemessungsgrundlage (das ist der Betrag von dem die Steuer berechnet wird, die ich zahlen muss) senkt, dann möchte Öschnitt eine Rechnung haben.

Systemanforderung 2 – weniger Administrationsaufwand

Nachdem die Regelungen für Lohn- und Einkommensteuer sehr kompliziert sind und man ohne entsprechende Ausbildung hier schwer alles richtig machen kann (mit entsprechender Ausbildung übrigens auch nur schwer alles richtig), wäre hier mit einer einfachen Lösung allen geholfen und gleichzeitig auch noch die Verwaltung auf Bundesebene einfacher.

Systemanforderung 3 – Arbeit muss billiger werden

Eine Aussage, die auch immer wieder kommt,

lautet: Der Faktor Arbeit muss entlastet werden. Was bedeutet das? Einfach gesagt heißt das nichts anderes, als dass die Kosten für Arbeit gesenkt werden müssen. Wie kann das gehen? Lohnnebenkosten reduzieren oder streichen, Löhne reduzieren? Aufschrei aus allen Ecken: die Gewerkschaften würden sofort Amok laufen und von wohl erworbenen Rechten sprechen. Und bei den Lohnnebenkosten stellt sich die Frage: wer soll es dann bezahlen? Von irgendwo muss schließlich das Geld herkommen (Mittelherkunft), das wir für sämtliche Sozialleistungen (Arbeitslosengeld, Pensionen, Kinderbeihilfe, …) und alles andere (Straßenbau, Öffis, Schulen, …) benötigen.

Die Lösung ist einfacher als die meisten denken. Allerdings erfordert eine einfache Lösung die Öffnung für einen völlig neuen Denkansatz. Doch dazu komme ich später.

Systemanforderung 4 – Pensionsantrittsalter

Die Lebenserwartung ist in den letzten 40 Jahren um 20 Jahre gestiegen, aber das tatsächliche Pensionsantrittsalter ist gleich geblieben. Dass das so nicht funktionieren kann, ist logisch. Solange der Arbeitsmarkt jedoch kein Interesse an älteren Mitarbeitern hat, wird sich daran aber auch nichts ändern. Studien zufolge sollte in ein paar Jahren das

Arbeitskräfteangebot zurückgehen und aus diesem Grund die Nachfrage auch nach älteren Mitarbeitern steigen. Warum solange warten, wenn es doch eine ganz einfache Lösung dafür gibt?

Lösung Teil 1 – Sozialbeiträge vereinfachen

Unser jetziges Sozialsystem wird von den Personen finanziert, die gerade berufstätig sind. Die Arbeitenden zahlen Beiträge und alle profitieren davon. Hoppla, liebe Pensionisten, ja ich weiß, ihr zahlt natürlich auch Beiträge. Allerdings von einem Betrag den ihr aus den Beiträgen bekommt weil ihr früher brav Beiträge gezahlt habt, die wiederum damals Pensionisten bekommen haben und so weiter. Und weil unsere Sozialbeiträge nicht ausreichen, werden auch noch Steuereinnahmen zur Finanzierung benötigt.

Wer sagt, dass das Geld für unser Sozialsystem von den arbeitenden Menschen kommen muss?

Wertschöpfungsabgabe – ein alter Hut

In den 1980er Jahren – die Herausforderung der Finanzierung unseres Systems beschäftigt die Politik schon länger – hat der damalige österreichische Sozialminister die Einführung einer sogenannten Wertschöpfungsabgabe vorgeschlagen. Bei unserem Nachbarn Deutschland wurde diese Idee bereits in den 1970er Jahren ins Gespräch gebracht und gerne abwertend als „Maschinensteuer" bezeichnet. Erstmalig angedacht wurde die Besteuerung der

Maschinen im Jahr 1933 von Engelbert Dollfuß. Gemeint war damit grob eine Abgabe auf Abschreibungen (für Maschinen wegen der immer größeren Automatisierung und dem damit verbundenen Verlust von Arbeitsplätzen) und auch auf Unternehmensgewinne. Diese Abgabe entweder anstelle der bisherigen Sozialversicherungsabgaben oder zusätzlich.

Damals hatte „die Politik" Angst vor der zunehmenden Automatisierung. Die Verlagerung der Produktionen ins billigere Ausland war offensichtlich noch kein so großes Thema. Mehr zum Thema Wertschöpfungsabgabe finden Sie im Anhang 1 in einer Meinung von AK und ÖGB. Erwarten Sie sich also keine Objektivität in diesem Beitrag.

Sozialbeitrag – die einfache Lösung

Heute sieht die Welt jedoch ein bisschen anders aus und daher stellt sich für mich die Frage: Warum soll nicht jeder, der in unserem sozialen Land etwas verkaufen möchte einen Beitrag leisten? Eine Art Sozialbeitrag, der nicht die Lohnkosten als Basis hat sondern sich an einer anderen Größe orientiert. Zum Beispiel an der Kostensumme. Damit meine ich die Differenz zwischen Umsatz und Gewinn (für Insider genauer: UGB § 231 Absatz 2 Zeilen 5 bis 8 summiert). Diese Werte werden bei jedem Unternehmen sowieso im Zuge des Jahresabschlusses ermittelt und würden somit keinen zusätzlichen Administrationsaufwand darstellen.

Die Auswirkung einer derartigen Änderung wäre gigantisch. Die Bemessungsgrundlage (der Betrag von dem diese Abgabe gerechnet wird) wäre um ein Vielfaches größer als jetzt.

Laut Leistungs- und Strukturstatistik der Statistik Austria (siehe Anhang 3) haben die österreichischen Unternehmen im Jahr 2013 (aktuellere Daten liegen noch nicht vor) insgesamt mehr als 709 Milliarden Euro Umsatz (genau in 1000 Euro: 709.546.018) gemacht und dabei einen Bruttobetriebsüberschuss von 69 Mrd. Euro (genau in 1000 Euro: 69.006.943) erwirtschaftet – und da sind unsere so hohen Lohnnebenkosten bereits inkludiert. Die Differenz sind die Kosten und machen einen Betrag von 640 Mrd. (genau in 1000 Euro: 640.539.075) aus.

ÖNACE 2008	Kurzbezeichnung	Unternehmen	Beschäftigte im Jahresdurchschnitt insgesamt	darunter unselbst.	Umsatzerlöse in 1.000 EUR*	Produktionswert in 1.000 EUR*	Bruttowertschöpfung zu Faktorkosten in 1.000 EUR*	Bruttobetriebsüberschuss in 1.000 EUR	Bruttoinvestitionen in 1.000 EUR*
	INSGESAMT (Abschnitte B–N, S95)	324.709	2.830.248	2.530.926	709.546.018	458.900.869	183.300.886	69.006.943	39.176.348
B	Bergbau	353	6.138	5.919	2.497.745	2.500.499	1.245.386	870.323	366.161
C	Herstellung von Waren	25.129	617.441	598.340	176.744.217	166.674.230	47.493.192	15.279.407	6.427.353
D	Energieversorgung	2.256	29.402	27.674	38.505.739	38.779.692	5.590.744	2.812.612	2.093.136
E	Wasserversorgung und Abfallentsorgung	2.050	20.002	19.420	5.350.500	4.621.618	1.877.200	961.554	397.932
F	Bau	33.518	283.165	256.895	43.400.681	42.335.211	15.082.704	4.052.023	964.351
G	Handel	75.817	645.425	574.933	239.579.188	62.688.406	31.090.715	9.662.972	2.756.518
H	Verkehr	13.957	206.845	193.631	40.734.989	24.731.600	15.598.040	5.711.294	4.647.545
I	Beherbergung und Gastronomie	46.073	264.340	236.929	16.759.171	16.703.753	8.103.771	2.687.884	1.294.881
J	Information und Kommunikation	18.042	105.286	88.116	20.681.410	14.766.558	8.843.461	3.065.822	3.531.808
K	Finanz- und Versicherungsleistungen	6.447	123.037	117.700	57.707.623	31.141.022	15.068.453	6.308.840	1.656.277
L	Grundstücks- und Wohnungswesen	21.435	54.652	37.236	16.959.232	15.827.838	9.050.613	7.501.943	8.803.796
M	Freiberufliche/techn. Dienstleistungen	63.914	236.332	170.531	29.178.183	23.444.772	13.957.063	5.251.410	1.331.110
N	Sonst. wirtschaftl. Dienstleistungen	14.290	214.163	200.998	21.149.547	14.437.523	10.172.601	3.801.832	4.900.722
S	Sonst. Dienstleistungen (ohne 94 u. 96)	1.428	4.020	2.604	297.793	248.147	126.943	39.027	4.758

Q: STATISTIK AUSTRIA, Leistungs- und Strukturstatistik 2013. Erstellt am 30.06.2015. – * Ohne Umsatzsteuer.

Wie hoch müsste ein Sozialbeitrag sein, der die jetzigen Sozialversicherungsbeiträge der Unternehmen abdeckt? Machen wir dazu eine kleine Nebenrechnung (alle Zahlen in 1.000 Euro):

Kosten (siehe oben)	640.539.075
darin Personalkosten	114.293.943
darin SV-Beiträge komplett	32.135.526
Berechnungsbasis somit	608.457.470

Ein Sozialbeitrag müsste also etwa 5,28 % ausmachen, um alle Sozialversicherungsbeiträge davon zahlen zu können. Da hätten die Arbeitgeber und Arbeitnehmer sonst nichts mehr beizutragen.

Für alle, die das nachrechnen wollen, hier im Detail (in Millionen Euro):

Beschreibung	Wert	% v. Brutto
Lohn- und Gehaltssumme brutto inklusive Arbeitgeberbeiträge laut Hauptverband der Sozialversicherungsträger	158.750,00	
Lohn- und Gehaltssumme brutto laut WIFO ohne Arbeitgeberbeiträge	130.582,70	
SV-Beiträge Arbeitnehmer laut WIFO	19.930,00	15,26%
SV-Beiträge Arbeitgeber als Differenz aus Hauptverband und Wifo	28.167,30	21,57%
SV-Beiträge gesamt somit durchschnittlich		36,83%
Sonstige Lohnnebenkosten in % (KommSt, DB, DZ, …)		9,43%
Personalkosten laut Leistungs-	114.293,94	

und Strukturstatistik		
Davon Lohnnebenkosten inklusive SV-AG	27.046,97	31,00%
Personalaufwand Bruttolöhne und -gehälter somit	87.246,97	
Sozialversicherung Arbeitgeber und Arbeitnehmer	32.135,53	36,83%
Kosten laut Leistungs- und Strukturstatistik	640.593,00	
Um Sozialversicherungs- beiträge reduzierte Kosten als Basis für Abgabe	608.457,47	
Abgabe in Prozent von Kosten		5,28%

Diese Abgabe wäre leicht zu errechnen und würde zusätzlich auch noch Raum für einfache Förderungsmöglichkeiten bieten. Zum Beispiel einen Abschlag für die Beschäftigung älterer Arbeitnehmer, oder einen Abschlag für Weiterbildungsmaßnahmen, oder einen Abschlag für was auch immer und natürlich das ganze in der anderen Richtung auch als Zuschlag.

Mit dieser Variante würde aus 100 Euro Brutto, die jetzt dem Unternehmen 131 Euro kosten plötzlich 94,17 Euro (zum Nachrechnen: Brutto minus SV-

Beitrag plus DB, DZ, Kommst – im Detail weiter unten) werden. Es fallen sowohl Dienstgeber- als auch Dienstnehmerbeiträge zur Sozialversicherung weg. Dafür kommen die 5,28% Sozialbeitrag wieder dazu und werden aus 94,17 etwa 99,14 Euro. Die Arbeitskosten wären somit um 29 % reduziert. Und gleichzeitig würden alle importierten Produkte um 5,28 % teurer werden.

Schlaue Köpfe werden jetzt vielleicht sagen: ja hallo, warum machen wir das nicht mit der Lohnsteuer auch gleich so und sparen uns das auch noch. Das ist eine gute Frage. Die Lösung dazu findet sich in den folgenden Kapiteln.

Vorerst möchte ich mich etwas mehr der Idee des Sozialbeitrags widmen:

Sozialversicherung und andere Lohnabgaben

Wie wir in der Auflistung im vorigen Kapitel gesehen haben, sind die Sozialversicherungsbeiträge der mit Abstand größte Brocken. Deshalb möchte ich auch genau damit beginnen.

Hier gibt es übrigens etwas, das fast nicht zu glauben ist. Der Sozialversicherungsbeitrag setzt sich zusammen aus Krankenversicherung, Arbeitslosenversicherung, Pensionsversicherung, Unfallversicherung. Alle diese Teilbereiche werden von unterschiedlichen Stellen verwaltet. Aber – und jetzt kommts – der Gesamtbeitrag wird von einer einzigen Stelle eingehoben und von dort dann an die anderen verteilt. Und zusätzlich wird von dieser Stelle auch noch die Kammerumlage und der Wohnbauförderungsbeitrag eingehoben und weitergeleitet.

Weitere vom Lohn abhängige Abgaben sind die Kommunalsteuer (die geht an die Gemeinde), der Beitrag zur Mitarbeitervorsorgekasse (der geht an eine Mitarbeitervorsorgekasse), Beitrag zum Insolvenzentgeltsicherungsfond falls unser Arbeitgeber in Konkurs geht (uups, der geht auch an die Sozialversicherung). Dass der Großteil der Beiträge einfach an die Sozialversicherung zu überweisen ist, ist schon ein bisschen Verwaltungsvereinfachung.

Dabei geht es um folgende Beträge, die vom Bruttogehalt zu zahlen sind:

Kommunalsteuer	3,00 %
Dienstgeberbeitrag zum Familienlastenausgleichsfonds	4,50 %
DZ Zuschlag zum Dienstgeberbeitrag	0,40 %
Mitarbeitervorsorgekasse	1,53 %
Sozialversicherungsbeitrag Arbeitgeber und -nehmer	39,60 %
INSGESAMT somit von Bruttolöhnen und -gehältern	49,03 %

Sozialbeitrag statt Steuern und Abgaben

Einige unserer Sozialleistungen sind abhängig von der Höhe unseres Einkommens: Arbeitslosengeld, Krankengeld und Pension sind wohl die bekanntesten. Es kann also nicht so einfach gemacht werden, dass alle diese Beträge über einen Pauschalbetrag errechnet und bezahlt werden. Wir brauchen noch einen Bezug zum Bruttoverdienst jedes einzelnen Arbeitnehmers. Außerdem ist es durchaus sinnvoll, dass jeder Einzelne auch einen direkten Beitrag leistet. So bleibt der Bezug zum Wert der Leistung erhalten.

Heute werden jedem Arbeitnehmer etwa 18 % Sozialversicherungsbeiträge abgezogen. Außer bei besonders niedrigen Einkommen, da ist es etwas weniger. Gehen wir also vorerst davon aus, dass der Arbeitnehmer weiter einen Beitrag leistet, der bei 15 % liegt – vom Bruttogehalt ohne irgendwelche Ausnahmefaxen bis zur Höchstbemessungsgrundlage. 15 % ist jener Wert, der jetzt bei besonders niedrigen Einkommen abgezogen wird. Dann müssen über den Sozialbeitrag auf die verbleibenden Sozialversicherungsabgaben die restlichen 24,6 % verteilt werden.

Sozialbeitrag auf alle Kosten

Dadurch würde sich die Höhe des Sozialbeitrags von 5,28 % auf 3,21 % ändern. Für alle, die nachrechnen wollen, hier im Detail die Fortführung der Tabelle von oben:

Beschreibung	Wert	% v. Brutto
Lohn- und Gehaltssumme brutto inklusive Arbeitgeberbeiträge laut Hauptverband der Sozialversicherungsträger	158.750,00	
Lohn- und Gehaltssumme brutto laut WIFO ohne Arbeitgeberbeiträge	130.582,70	
SV-Beiträge Arbeitnehmer laut WIFO	19.930,00	15,26%
SV-Beiträge Arbeitgeber als Differenz aus Hauptverband und Wifo	28.167,30	21,57%
SV-Beiträge gesamt somit durchschnittlich		36,83%
Sonstige Lohnnebenkosten in % (KommSt, DB, DZ, …)		9,43%
Personalkosten laut Leistungs- und Strukturstatistik	114.293,94	
Davon Lohnnebenkosten inklusive SV-AG	27.046,97	31,00%
Personalaufwand Bruttolöhne	87.246,97	

und -gehälter somit		
Sozialversicherung Arbeitgeber und Arbeitnehmer	32.135,53	36,83%
Sozialversicherungssumme % von Brutto bis maximal Höchstbemessungsgrundlage	32.135,53	39,60%
Davon zahlen Arbeitnehmer	12.172,55	15,00%
Somit über Abgabe zu deckender Betrag	19.962,98	24,06%
Basis für Berechnung der Abgabe	621.719,49	
Kosten laut Leistungs- und Strukturstatistik		
Um Sozialversicherungs- beiträge reduzierte Kosten als Basis für Abgabe		
Abgabe in Prozent von Kosten		3,21%

Und nachdem dieser Satz jetzt wirklich niedrig ausgefallen ist, spricht nichts dagegen, die sonstigen Lohnnebenkosten (Kommunalsteuer, DB, DZ, ...) auch gleich über diese Abgabe zu finanzieren. Der Satz ändert sich dann laut folgender Rechnung auf 4,60 %:

Brutto als Basis	87.246,97	
Sonstige Lohnnebenkosten	8.227,39	9,43%
SV-Anteil ohne Arbeitnehmer-beitrag von oben	19.962,98	
Über Abgabe zu deckender Betrag	28.190,37	
Um Sonstige Lohnneben-kosten reduzierte Basis	613.492,10	
Abgabe in Prozent von Kosten		4,60%

Da dieser Prozentsatz noch immer niedrig ist, könnte man glatt noch überlegen, den Budget-zuschuss zum Sozialbudget (ca. 10 Mrd. Euro wer-den aus Steuermitteln für die Pensionen aufge-wendet) auch über diese Abgabe zu decken. Dann würde der Prozentsatz auf 6,23 % steigen. Aber diese Variante möchte ich hier nicht weiterverfolgen.

Auswirkung auf die Preise

Aber es interessiert mich natürlich, wie sich eine derartige Änderung auf unsere Betriebe auswirken würde. Logisch ist, dass Unternehmen mit viel Personal mit ihren Produkten billiger werden könnten und Unternehmen mit wenig Personal- und hohen Material- oder Maschinenkosten automatisch teurer werden.

Beim Einsetzen der Werte in die Leistungs- und Strukturstatistik aus 2013 kommt heraus, dass insgesamt durch das Senken des Sozialversicherungsbeitrags der Arbeitnehmer auf 15 % und damit die Erhöhung der Gesamtbelastung der Betriebe die Betriebsergebnisse in Summe um 1.143.397.000 Euro (kurz: 1,14 Mrd.) sinken oder die Preise im Ausgleich dazu um 0,16 % steigen. Das ist allerdings genau der Betrag, um den sich die Kaufkraft der Mitarbeiter dieser Betriebe erhöht, da sie jetzt selbst weniger Beiträge leisten (siehe Anhang 3).

Von den in dieser Statistik mit Daten hinterlegten 323.271 Unternehmen steigt das Ergebnis bei 249.150 und fällt bei 74.121. Oder anders formuliert: 249.150 Unternehmen können ihre Verkaufspreise reduzieren und 74.121 müssen teurer werden. Kostengünstiger wird es überwiegend für Produktionsunternehmen, wobei hingegen die Kosten für Handelsunternehmen steigen.

Insgesamt ist das eine wirklich stark vereinfachte Darstellung. Wenn beispielsweise ein Hersteller an einen Großhändler verkauft der wiederum an einen Einzelhändler weiterverkauft und dann erst das Produkt an den Endkunden geht, wird mehrfach der Sozialbeitrag aufgeschlagen.

Wenn es sich dabei um Produkte handelt, die in der Herstellung günstiger werden, kann es trotzdem sein, dass am Ende der Verkaufspreis niedriger wird. Außerdem benötigt jedes Produktionsunternehmen auch Leistungen von anderen Unternehmen, die wiederum aufgrund der veränderten Kosten ihre Preise anders gestalten würden (das regelt der Markt von selbst). Bei Berücksichtigung dieser Umsätze zwischen den Unternehmen stellt sich interessanterweise heraus, dass die Endkundenpreise so gut wie gleich bleiben.

Es würde vermutlich insgesamt zu einer Veränderung des gesamten Marktes kommen. Ein Markenautohändler würde dann wahrscheinlich die Autos nicht mehr vom Großhändler kaufen sondern lediglich als Handelsvermittler auftreten. Der personalintensive Bereich der Hotellerie und Gastronomie würde zu den Gewinnern zählen und könnte preiswerter anbieten. Nicht berücksichtigt ist hier die Auswirkung der erforderlichen bzw. möglichen Preisänderungen der Zulieferer der Unternehmen. Da auch Dienstleistungen für Unternehmen billiger werden, müsste diese Auswirkung auch noch eingerechnet werden. Was ebenfalls noch nicht berücksichtigt ist, ist die Vereinfachung in der Verwaltung und dass Produkte von inländischen Lieferanten auch günstiger werden würden.

Auswirkung auf den Markt – Blick in die Glaskugel

Diese nicht prognostizierbare Veränderung des Marktes ist es vermutlich auch, die eine derart gewaltige Veränderung des Systems verhindert. Es kann schließlich dadurch niemand vorhersagen, welches Unternehmen seine Produktions- und Absatzwege wie verändert.

Eines ist auf jeden Fall klar: personalintensive Produktionsbetriebe könnten weit kostengünstiger in Österreich produzieren als das heute der Fall ist. Das wiederum hätte sicherlich auch Auswirkung auf die Exporte, weil österreichische Produkte dadurch international kostengünstiger und somit attraktiver werden. Auf der anderen Seite würden Importe etwas zurückgehen, weil der Kostenvorteil von Niedriglohnländern geschmälert würde.

Ich habe versucht, die einzelnen Branchen der Leistungs- und Strukturbilanz nach Abnehmer (Unternehmer oder Private) einzuteilen. Beispielsweise ein Großhändler verkauft nur an Unternehmer (üblicherweise an Einzelhändler) und ein Einzelhändler überwiegend an Private. Nach dieser Klassifizierung ergibt sich bei 4,6 % Sozialbeitrag folgendes Bild:

Preise Unternehmen an Unternehmen	+0,33 %
Preise Unternehmen an Konsumenten	-0,06 %

Unter der Annahme gleichbleibender Gewinne bei den Betrieben und Durchführung dafür erforderlicher Preisanpassungen kann davon ausgegangen werden, dass insgesamt die Preise praktisch unverändert bleiben.

Für Detailinteressierte empfehle ich an dieser Stelle Anhang 3.

Lösung Teil 2 – Lohn- und Einkommensteuer vereinfachen

Lohnsteuer wird den Arbeitnehmern abgezogen und Einkommensteuer zahlen Selbständige. Die Berechnung erfolgt völlig unterschiedlich. Die Höhe der Steuer ist abhängig vom Einkommen und bei der Berechnung sind Absetzbeträge und Freibeträge und noch jede Menge andere Faktoren zu berücksichtigen. Schauen wir uns das heutige System ein bisschen genauer an:

Die Lohnsteuer ist nach den Sozialversicherungsbeiträgen und nach der Umsatzsteuer nicht nur eine der größten Positionen sondern auch ziemlich kompliziert aufgebaut. Je mehr jemand verdient, umso mehr Steuer darf er zahlen. Und dann sind noch jede Menge Sonderbestimmungen zu berücksichtigen, die die Steuerzahlung reduzieren oder erhöhen (im Normalfall natürlich reduzieren):

Verkehrsabsetzbetrag

Arbeitnehmerabsetzbetrag

Alleinverdienerabsetzbetrag

Fahrtkostenpauschale

Unterhaltsabsetzbetrag

steuerfreie Überstunden

steuerfreie Zulagen

steuerfreie Aufwandsentschädigungen (sogar ohne Aufwand)

Sonderausgabenpauschale

Sonderausgaben für was weiß ich was alles

und sonst noch jede Menge, die bei der Lohnverrechnung berücksichtigt werden müssen und damit in den Unternehmen für Verwaltungsaufwand sorgen. Aber natürlich nicht nur dort, sondern auch bei den Finanzämtern.

Da die Lohnverrechner in den Unternehmen aber nicht alle Informationen von uns haben, können wir auch noch jedes Jahr selbst beim Finanzamt eine sogenannte Arbeitnehmerveranlagung machen. Dabei dürfen wir jede Menge Ausgaben dem Finanzamt mitteilen und bekommen dann vielleicht eine Steuergutschrift.

Steuerklassen

Für Lohn- und Einkommensteuer gibt es verschiedene Steuerklassen, die ab einer bestimmten Einkommenshöhe angewendet werden:

Einkommen pro Jahr	Steuersatz
bis 11.000	0 %
11.000 – 18.000	25 %
18.000 – 31.000	35 %

Sozialbeitrag statt Steuern und Abgaben

31.000 – 60.000	42 %
60.000 – 90.000	48 %
90.000 – 1.000.000	50 %
über 1 Mio.	55 %

Das bedeutet, dass die ersten 11.000 Euro steuerfrei sind, für die nächsten 7.000 Euro zahlen wir dann 25 % Steuer und so weiter.

Schauen wir uns an einem Beispiel an, wie viel Netto vom Brutto rauskommt. Dazu verwende ich einfach den Brutto-Netto-Rechner vom Bundesministerium für Finanzen.

Ein Angestellter in Wien, der keine Kinder hat und kein Pendlerpauschale in Anspruch nehmen kann, bekommt also bei Brutto 3.000 Euro nach Abzug von Sozialversicherung und Lohnsteuer 2.014,76 Euro Netto. Die Lohnsteuer rechnet sich nicht vom Bruttogehalt sondern vom Brutto nach Abzug der Sozialversicherungsbeiträge. Die Lohnsteuerbemessungsgrundlage ist somit 2.456,40 Euro und seine Lohnsteuer mit 441,64 Euro entspricht 17,98 %. Das ist jetzt kein Prozentsatz, den wir in der Tabelle oben finden. Unter anderem liegt das an dem Stufenmodell und auch daran, dass hier bereits ein paar Absetzbeträge berücksichtigt sind, die jeder Arbeitnehmer bekommt. Womit sich natürlich die Frage stellt: wenn das jeder kriegt, warum beginnt der Steuertarif nicht einfach erst bei einem höheren

Betrag? Die Antwort darauf ist leicht: das gleiche Tarifstufenmodell gilt auch für Selbständige und für die gibt es die meisten Absetzbeträge nicht.

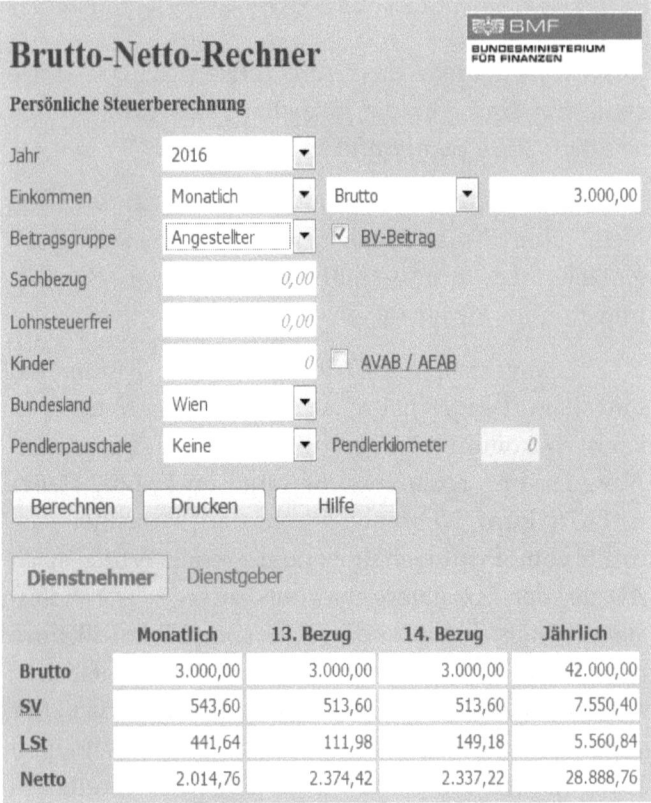

Brutto-Netto-Rechner

BMF
BUNDESMINISTERIUM
FÜR FINANZEN

Persönliche Steuerberechnung

Jahr	2016 ▼			
Einkommen	Monatlich ▼	Brutto ▼		3.000,00
Beitragsgruppe	Angestellter ▼	✓ BV-Beitrag		
Sachbezug	0,00			
Lohnsteuerfrei	0,00			
Kinder	0	☐ AVAB / AEAB		
Bundesland	Wien ▼			
Pendlerpauschale	Keine ▼	Pendlerkilometer	0	

Berechnen	Drucken	Hilfe

Dienstnehmer Dienstgeber

	Monatlich	13. Bezug	14. Bezug	Jährlich
Brutto	3.000,00	3.000,00	3.000,00	42.000,00
SV	543,60	513,60	513,60	7.550,40
LSt	441,64	111,98	149,18	5.560,84
Netto	2.014,76	2.374,42	2.337,22	28.888,76

Riskieren wir noch einmal einen Blick auf die Abrechnung oben. Bei genauerem Hinschauen fällt auf, dass das 13. und 14. Gehalt (den meisten als

Sozialbeitrag statt Steuern und Abgaben

Urlaubs- und Weihnachtsgeld bekannt) extra ausge-
wiesen sind. Interessant ist auch, dass die Lohnsteuer nicht gleich hoch ist. Nicht nur dass sie viel
niedriger ist als beim normalen Monatsgehalt ist sie
auch noch bei beiden Sonderzahlungen unterschiedlich hoch. Was soll das schon wieder? Das liegt
daran, dass bei der ersten Sonderzahlung ein
Fixbetrag von 620 Euro steuerfrei ist. Keine Ahnung
weshalb gerade 620 Euro steuerfrei sein müssen. Als
ob es auf die 37,20 Euro ankommen würde. Auf
jeden Fall wieder eine Regelung, die es etwas
komplizierter macht.

Ausnahmen und Sonderregelungen

Wie kompliziert diese ganzen Ausnahme- und
Sonderregelungen sind, hat die Steuerreformkommission im Jahr 2014 in ihrem Bericht sehr schön
auf mehr als 100 Seiten dargestellt. Darunter finden
sich einige „Steuerzuckerl" die jeder kennt, aber
auch einige, von denen viele noch nie etwas gehört
haben. Um die Vielfalt ein bisschen bewusster zu
machen, möchte ich hier alle im Bericht der Steuerreformkommission erwähnten auflisten:

1. Begünstigung für Auslandstätigkeit: 60 %
    steuerfrei (max. Höchstbemessungsgrundlage)
2. Zulage von Auslandsbeamten und
    Auslandszulagen

3. Mitarbeiterkapitalbeteiligung (z.B. Aktien)
4. Beförderung der Mitarbeiter und Mitarbeiterrabatte allgemein
5. Hochrechnung Arbeitslosengeld
6. Bildungsfreibetrag und Bildungsprämie
7. Einlagenrückgewähr
8. Abzugsfähigkeit von Spenden
9. Gebäudeabschreibungen
10. Übertragung Stiller Reserven
11. Sachbezug für Dienstautos
12. Pendlerpauschale und Pendlereuro
13. Pendlerzuschlag zur Negativsteuer
14. Jobticket
15. Verkehrsabsetzbetrag
16. Pendlerausgleichsbetrag
17. Pauschalierungsverordnungen - Unternehmenspauschalierungen
18. Werbungskostenpauschalierung
19. Renten und dauernde Lasten
20. Topf-Sonderausgaben und Sonderausgabenpauschale
21. KESt-Befreiung für Wohnbauanleihen
22. Kirchenbeitrag
23. Absetzbarkeit von Bewirtungskosten
24. Verlustverrechnungsbremse bei kapitalistischen Personengesellschaften
25. Steuerfreier Aufgabegewinn
26. Außergewöhnliche Belastungen mit Selbstbehalt
27. Außergewöhnliche Belastungen ohne Selbstbehalt

Sozialbeitrag statt Steuern und Abgaben

(z.B. Urlaubsgeld)

Das war der Stand 2014, also vor der Steuerreform, die am 1.1.2016 in Kraft getreten ist. Absetzbeträge sind übrigens „Zuckerl", die von der zu
zahlenden Steuer abgezogen werden. Im Gegensatz
dazu sind irgendwelche Pauschalen lediglich von
der Steuerbemessung abzuziehen. Das heißt, je mehr
Steuer jemand zahlen muss (also je höher das Einkommen), um so höher ist der Steuervorteil. Da das
dazu führt, dass Besserverdiener bevorzugt werden,
wurden für manche dieser Pauschalen sogenannte
Einschleifregelungen eingeführt. Dabei wird die
maximale Höhe der berücksichtigten Ausgaben
immer niedriger je höher das Einkommen ist. Das
klingt nicht nur kompliziert, sondern es ist auch
kompliziert.

Im Zuge der per 1.1.2016 in Kraft getretenen
Steuerreform ist es zu ein paar Veränderungen
gekommen. Ziel war unter anderem – was für eine
Überraschung,   den   Verwaltungsaufwand   zu
reduzieren.

Schauen wir uns einmal an, was hier alles passiert
ist:

1.   Die Negativsteuer wurde ausgeweitet: statt 10 %
      bestimmter Werbungskosten mit maximal 110
      Euro gibt es jetzt 50 % mit maximal 400 Euro.

Dafür wird der Pendlerzuschlag von 290 Euro auf 100 Euro gesenkt. Ist das einfacher als vorher? Nein.

2. Antragslose Arbeitnehmerveranlagung: das ist praktisch für Arbeiter und Angestellte. Sie bekommen jetzt Steuer zurück, ohne sie beim Finanzamt anfordern zu müssen. Einfacher für den Bürger, aber insgesamt wahrscheinlich wieder mehr Verwaltungsaufwand. Woher soll der Mitarbeiter im Finanzamt meine Sonderausgaben wissen? Also werden für viele vermutlich zwei Veranlagungen gemacht.

3. Arbeitnehmerabsetzbetrag und Verkehrsabsetzbetrag werden zu einem einzigen Absetzbetrag zusammengeführt. Einfacher? Ja.

4. Mitarbeiterrabatte bis maximal 20% sind nunmehr steuerfrei (Freigrenze). Wenn ein dem Mitarbeiter gewährter Rabatt 20% übersteigt, ist dieser im Gesamtausmaß von 1.000 Euro jährlich steuerfrei (Freibetrag). Damit soll eine Besteuerung von Bagatellfällen vermieden werden und ein Beitrag zur Vereinfachung der Lohnverrechnung geleistet werden. Steuerfreie Mitarbeiterrabatte führen auf Grund der Befreiung auch nicht zu einem Sachbezug. Das Über- oder Unterschreiten der betragsmäßigen Begrenzung ist vom Arbeitgeber zu dokumentieren und zu

überprüfen. Der Arbeitgeber hat somit sämtliche einem Mitarbeiter gewährten Rabatte, die 20% übersteigen, im Kalenderjahr aufzuzeichnen. Klingt das einfacher? Nein.

5. Verdoppelung des Kinderfreibetrags. Wir erinnern uns: der Freibetrag reduziert nur die Steuerbemessung und wirkt sich somit bei Besserverdienern höher aus. Einfacher? Nein.

6. Negativsteuer auch für Pensionisten: 50 % der Sozialversicherungsbeiträge maximal 110 Euro. Einfacher? Eine zusätzliche Ausnahmeregelung ist nie einfacher. Also: Nein.

Diese sechs Punkte führt das Finanzministerium auf seiner Internetseite an. Alle anderen wollen sie offensichtlich dem breiten Publikum nicht aufs Auge drücken. Dabei sind doch so viele lustige Regelungen eingeführt worden.

Am amüsantesten finde ich noch immer die Registrierkassenpflicht. Sie tritt am 1.1.2016 in Kraft, wird aber erst ab 1.4.2016 bestraft und das auch nur dann, wenn der Unternehmer nicht argumentieren kann, warum er noch keine Registrierkasse hat. Der Kunde muss den Beleg bis außerhalb des Geschäftslokals mitnehmen, wird aber nicht bestraft, wenn er es nicht macht. Zur Veranschaulichung: Es ist gesetzwidrig, den Kassazettel beim Supermarkt nicht bis vor die Türe mitzunehmen, aber es bleibt auch ohne

Folgen, wenn man es nicht macht. Auf jeden Fall schön für Mistkübellieferanten: nachdem wir ja nicht die ganzen Belege auf der Straße herumliegen haben wollen, sollte jetzt vor jedem Geschäft ein Belegkübel angebracht werden.

Die Grunderwerbsteuer ist auch neu geregelt worden: Bemessung ist jetzt nicht mehr der in einem Gesetz aus 1956 geregelte Einheitswert, der nichts mit dem tatsächlichen Grundstückswert zu tun hat, sondern jetzt der Grundstückswert. Zur Bestimmung des Grundstückswerts gibt es verschiedene Modelle, die nach Wahl angewendet werden können. Von einer Vereinfachung kann auch hier nicht gesprochen werden.

Wenden wir uns wieder der Lohnsteuer zu: Noch einmal zur Erinnerung, um welchen Betrag es bei der Lohnsteuer geht: 25.942.000.000 Euro waren es im Jahr 2014 und im Jahr 2016 erwartet der oberste Kassier 24.800.000.000 Euro (kurz: 24,8 Milliarden).

Im gleichen Tarifstufenmodell wird die Einkommensteuer abgerechnet, jedoch mit weniger Absetzbeträgen. Außerdem gibt es bei der Einkommensteuer keine Sonderzahlungen (Urlaubsgeld, Weihnachtsgeld), die für Angestellte und Arbeiter nur mit 6 % besteuert werden. Ersatz dafür soll bei den Selbständigen der Gewinnfreibetrag bieten. Einkommensteuerzahler (das sind Selbständige) bekommen keine Absetzbeträge dafür wird ihre Steuer von der Differenz zwischen Einnahmen und Ausgaben berechnet. Sie können also beispielsweise sämtliche beruflich notwendige Fahrtkosten als Ausgabe abziehen.

Damit stellt sich für mich die Frage: Warum wird die Steuer bei Arbeitern und Angestellten anders ermittelt als bei Selbständigen? Warum kann die eine Gruppe ohne Ausgaben nachweisen zu müssen, ihre Steuer reduzieren (mit Absetzbeträgen) und darf die andere Gruppe alle anfallenden Ausgaben berücksichtigen (jedoch ohne Absetzbeträge)?

Arbeitnehmer oder Selbständiger

Abgesehen davon, dass unterschiedliche Systeme immer unfair wirken, bedeuten sie auch mehr Verwaltungsaufwand und mehr Unsicherheit. Immer wieder stellt sich für manche die Frage: bin ich selbständig oder unselbständig beschäftigt? Würden für alle Gruppen die selben Regeln gelten, würde sich diese Frage nicht mehr stellen. Es wäre dann völlig egal, ob der Trainer am Schulungsinstitut angestellt ist oder über einen Werkvertrag selbständig seiner Aufgabe nachkommt. Es wäre auch für die Werbebranche egal, ob sie den Werbemittelverteiler (der, der uns die Flugblätter in den Postkasten wirft) anstellen oder über

Werkvertrag beschäftigen.

Heute ist das nicht so: Wenn der Werbemittel-verteiler angestellt tätig ist, muss er mindestens nach Kollektivvertrag bezahlt werden. Kollektivvertrag ist eine Vereinbarung zwischen Arbeitgebervertretern und Arbeitnehmervertretern über die für die betreffenden Mitarbeiter mindestens zustehenden Löhne- und Gehälter. Davon gibt es übrigens in Österreich mehr als 850 – in Worten: achthundert-fünfzig – verschiedene. Ja auch das ist kaum zu glauben. Wenn also jemand ein Problem mit der angeblichen Zwei-Klassen-Gesellschaft hat, wie geht es demjenigen dann erst mit dem Wissen, dass Arbeitnehmer in mehr als 850 verschiedene Klassen eingeteilt sind?

Zurück zu unserem Werbemittelverteiler: ist er also angestellt, muss mindestens nach Kollektiv-vertrag bezahlt werden und die am Anfang erwähnten Lohnnebenkosten fallen auch noch an. Wird er jedoch nicht angestellt sondern über einen Werkvertrag beschäftigt, gibt es keine Regelung über eine Mindestbezahlung und Steuern und Sozial-versicherung zahlen muss auch der Werbemittel-verteiler selbst. Sonderzahlungen gibt es auch keine, Arbeitszeitgesetz ist auch nicht einzuhalten und wenn er krank ist, bekommt er auch kein Geld. Er ist dann ein echter Selbständiger mit allen dazu-gehörigen Vor- und Nachteilen. Und nachdem ein

Werbemittelverteiler vermutlich kein Steuerfachmann ist, braucht er auch gleich noch einen Steuerberater, der ihm dann sagt, welche Ausgaben er von der Steuer „absetzen" kann.

Und weil die Abgrenzung zwischen Werkvertrag und Arbeitsverhältnis nicht genug ist, wurde extra noch der sogenannte „Freie Dienstvertrag" eingeführt. Da ist weder Angestellter oder Arbeiter noch richtig Selbständiger. Hauptunterschied ist, dass kein Kollektivvertrag gilt und somit auch das Zahlen eines Hungerlohns gesetzlich gedeckt ist. Das ist übrigens eine Vertragsart, die besonders gerne von den Einrichtungen der sogenannten Sozialpartner genutzt wird: Trainer bei Schulungsinstituten (egal ob das zur Wirtschaftskammer gehörende WIFI oder das der Gewerkschaft zuzuordnende BFI) oder auch Mitarbeitende bei Hilfswerk & Co.

Ich schätze, wir haben jetzt einen groben Überblick, wie kompliziert unser System ist. Im folgenden Kapitel möchte ich jetzt ein System für die Lohn- und Einkommensteuer vorstellen, dass mehrere Themen mit einem Schlag erledigt:

- Verwaltungsvereinfachung
- Reduktion der Arbeitsplatzkosten
- Eindämmen der Schwarzarbeit

- Schaffung von Arbeitsplätzen

Ein Steuersatz – die einfache Lösung

Die einfache Lösung lautet: für alle ein einheitlicher Steuersatz

Flat Tax – ein alter Hut

Die Idee eines einheitlichen Steuertarifs ist nicht neu. Sie wurde bereits 1920 von Dennis Milner in London vorgeschlagen. Beim Modell der Flat Tax wird üblicherweise ein sogenannter Grundfreibetrag berücksichtigt, der niedrige Einkommen steuerfrei belässt und dadurch rechnerisch zu einer Steuerprogression (höhere Belastung höherer Einkommen) führt. Der detailinteressierte Leser findet dazu mehr im Anhang 2.

Steuer auf den Rest – zwei Fliegen mit einer Klappe

Im Vergleich zur Flat Tax, die einen Grundfreibetrag zur Entlastung niedriger Einkommen vorsieht und das gesamte Einkommen besteuert, schlage ich folgendes Modell vor:

Ein einheitlicher Steuersatz und berechnet wird die Steuer nur von dem Betrag, der nach allen Ausgaben (ohne Versicherungen und sonstige

Sparformen) übrigbleibt. Ein Grundfreibetrag ist hier nicht notwendig, da niedrigere Einkommen üblicherweise nahezu ihr gesamtes Einkommen ausgeben und damit weiterhin fast steuerfrei bleiben. Das klingt unmöglich? Die Umsetzung wäre sicher kein Problem.

Die Vorteile liegen auf der Hand: Wenigverdiener zahlen beim jetzigen System keine Steuer und würden auch dann keine zahlen. Schwarzarbeit würde es nicht geben, weil jeder seine Ausgaben nachweisen möchte um keine Steuern zahlen zu müssen.

Sämtliche Ausnahmeregelungen könnten wegfallen und die Berechnung wäre kinderleicht. Warum werden Versicherungen und Sparformen ausgenommen? Ganz einfach: Sparen ist schlecht für die Wirtschaft und auch bei unserem jetzigen System sparen wir von dem was nach der Steuer übrigbleibt. Warum keine Versicherungen? Auch das ist leicht erklärt: Erstens ist ein Großteil der Versicherungen eine Sparform (z.B. Lebensversicherung) und zweitens können Versicherungen nicht schwarz abgeschlossen werden.

Was würde das bei unserem Beispiel von vorhin bedeuten? Der Angestellte in Wien mit Brutto 3.000 Euro monatlich könnte im Jahr um 5.560,84 mehr ausgeben. Wenn er das macht, zahlt er keine Steuer.

Aber nur, wenn er alles wirklich ausgibt. Das heißt: er spart gar nichts – auch nicht mit irgendwelchen Versicherungen. Eine Lebensversicherung ist schließlich keine Ausgabe sondern eine Art von Sparen für später.

Verwaltungsaufwand?

Wie soll das funktionieren? Soll ich das ganze Jahr alle Belege sammeln und am Ende des Jahres mit dieser Schuhschachtel zum Finanzamt pilgern, damit ich beweisen kann, dass ich alles ausgegeben habe? Das wäre ja so richtig mühsam. Da das System aber einfach sein soll, gibt es auch dafür eine einfache Lösung:

Alle in Österreich Lohn- oder Einkommensteuerpflichtigen haben auch eine Steuernummer. Bei jedem Einkauf gebe ich meine Steuernummer bekannt (zum Beispiel mit einer eigenen Karte oder über die Bankomatkarte) und in einem System (das erst entwickelt werden müsste) werden alle meine Ausgaben gleich gespeichert. Am Ende des Jahres kann es so durch das Finanzamt einfach zu einer Steuerberechnung kommen.

Genau genommen ist diese Berechnung sogar monatlich möglich: Jede Ausgabe führt bei jemand anderem zu einer Einnahme. So wie bereits heute Unternehmen monatlich Meldungen an das Finanz-

amt machen müssen und bereits heute die Jahres-
lohnzettel an das Finanzamt zu übertragen sind,
könnten diese Informationen praktisch täglich über-
mittelt werden. Wenn ich heute im Supermarkt mit
der Bankomatkarte zahle, sehe ich das schließlich
auch sofort auf meinem Bankkonto.

Was? Ich soll bei jeder Ausgabe meine
Steuernummer hergeben? Wenn ich möchte, dass
diese Ausgabe meine Steuer reduziert: Ja. Ganz
ehrlich: wen interessierts, wie viel ich wofür
ausgebe? Und falls ich heute bereits mit diversen
Kundenkarten oder Kreditkarten oder sonst welchen
Karten bezahle, wird das sowieso schon
aufgezeichnet. Das bedeutet nicht automatisch, dass
ich jeden Einkauf mit einer Karte zu zahlen habe:
Bargeld ist auch in diesem System möglich. Allerdings hat eine Reduktion des Bargelds wie sie
beispielsweise in Schweden bereits umgesetzt ist,
auch ihren Reiz.

Beispiel Nachhilfelehrer

Wie mache ich das mit dem Nachhilfelehrer für
mein Kind? Ganz einfach: der bekommt sein Geld
nur dann, wenn er mir eine ordentliche Rechnung
gibt und meine Ausgabe erfasst werden kann. Sonst
müsste ich dafür schließlich Steuer zahlen. Aber
wird dann nicht der Nachhilfelehrer mehr kosten?

Vermutlich nicht: Erstens befindet er sich im Wettbewerb mit anderen, die das auch können (zum Beispiel Studenten) und zweitens erhöht es für ihn nur die Bemessungsgrundlage für die spätere Pension und das Geld gibt er wahrscheinlich sowieso aus.

Wie spare ich dann für eine größere Investition? Zum Beispiel für ein Auto oder ein Haus? Genauso wie heute auch: mit dem Betrag, der nach der Steuer übrigbleibt. Wobei hier natürlich mehrere Modelle überlegt werden können. Bei Unternehmern gibt es den sogenannten Verlustvortrag. Es könnten also einfach diese höheren Ausgaben in die Folgejahre „mitgenommen" werden. Alternativ kann auch überlegt werden, die Rückzahlungen von für Hausbau und Autokauf aufgenommenen Krediten als Ausgabe anzuerkennen. Damit hier trotzdem die Schwarzarbeit ausgeschalten ist, dürften die Banken ausnahmslos an registrierte ausführenden Betriebe überweisen.

Freibeträge und Absetzbeträge

Was passiert mit Steuerfreibeträgen? Die gibt es dann nicht mehr. Wenn wir nur Steuer von dem Betrag zahlen, den wir nicht ausgeben, brauchen wir auch keine Steuerfreibeträge.

Und was ist mit Steuerabsetzbeträgen wie

beispielsweise dem Kinderabsetzbetrag? Die Absetz-beträge werden heute von der Steuer abgezogen. Wenn jemand nicht berufstätig ist, kann er sich zum Beispiel den Kinderabsetzbetrag direkt vom Finanz-amt gemeinsam mit der Familienbeihilfe auszahlen lassen. Warum soll das mit den anderen Absetz-beträgen nicht auch funktionieren.

Ist dieses System fair?

Was ist schon fair? Aus meiner Sicht ist das ein relativ faires System. Wenig-Verdiener brauchen ihr Geld sowieso komplett auf und Besserverdiener zahlen auch heute mehr Steuer als andere. Bereits in unserem heutigen System ist es so, dass die Hälfte der Lohn- und Einkommensteuerzahler nur 3 % der Steuersumme bezahlt und die 10 % Bestverdiener mehr als die Hälfte des Steueraufkommens tragen.

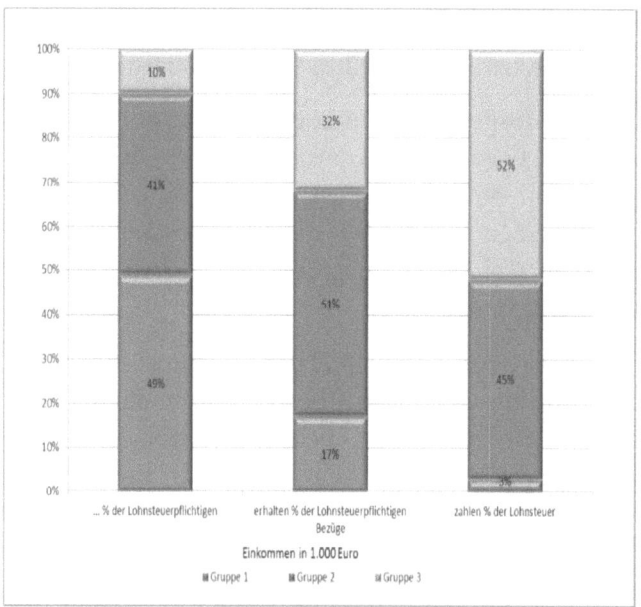

Quelle: Bericht der Steuerreformkommission

Wenn alles ausgegeben wird?

Was passiert, wenn jeder alles ausgibt und keine Steuer mehr zu zahlen übrig bleibt? Abgesehen davon, dass das unrealistisch ist, weil zumindest Versicherungen und Bausparverträge und dergleichen trotzdem weiterhin abgeschlossen werden, hätte das folgende Auswirkung:

Es wird um 29 Milliarden Euro (Lohn- und Einkommensteuer zusammen) mehr ausgegeben. In diesem Betrag ist schon einmal ein großer Batzen

Umsatzsteuer drinnen, der gleich direkt in die Staatskasse fließt: geschätzt 4 bis 5 Milliarden Euro.

Geld ausgeben bedeutet gleichzeitig auch, dass es jemand bekommt. Wenn wir also mehr Geld ausgeben, heißt das, dass wieder Sozialversicherungsbeiträge bezahlt werden und jemand anderer ebenfalls Geld zum Ausgeben hat – oder er spart es und zahlt Steuer.

Nehmen wir als Beispiel den 3000-Euro-Verdiener von vorhin, der plötzlich 5.560,84 mehr im Jahr ausgibt. Er gibt es beispielsweise für Kurzurlaube und Sportgeräte aus. Dann gehen von den 5.560,84 ca. 1.000 Umsatzsteuer ans Finanzamt. Die restlichen 4.560,84 bekommen Hoteliers und Sportartikelhändler. Im Hotel arbeiten Mitarbeiter und beim Sportartikelhändler auch. Beide zahlen also Sozialversicherungsbeiträge und ihre Mitarbeiter. Diese Mitarbeiter sind Arbeitsplätze, die es vorher nicht gegeben hat.

Würde also die Summe aus Lohn- und Einkommensteuer von 29 Milliarden Euro komplett ausgegeben werden, würden nach Abzug der Umsatzsteuer und des Sozialbeitrags (wir haben ein paar Kapitel früher 4,6 % ermittelt) etwa 23,9 Milliarden für Kosten übrigbleiben. Hoppla: da habe ich jetzt einen Gewinnaufschlag vergessen. Setzen wir den mit 10 % an, bleiben noch 21,7 Milliarden.

Sozialbeitrag statt Steuern und Abgaben

Davon ziehen wir jetzt noch 25 % Materialkosten ab und somit bleiben 16,3 Milliarden für Personalkosten übrig – und das entspricht bei durchschnittlich Brutto 26.273 Euro pro Jahr und Person (Statistik Austria 2014) etwa 620.000 Arbeitsplätzen. Das sind mehr Arbeitsplätze als es zur Zeit Arbeitslose gibt. Das wiederum heißt, dass auch die Anhebung des Pensionsantrittsalters einfacher sein müsste.

Auswirkung Schwarzarbeit

Und dann kommt noch das Thema Pfusch: Die Schattenwirtschaft (ein lieblicherer Begriff für Schwarzarbeit) wird in Österreich auf etwa 19 Milliarden Euro geschätzt (Quelle: Bericht Prof. Dr. Friedrich Schneider, Institut für Volkswirtschaftslehre, Johannes Kepler Universität). Dieser Umsatz sollte bei einem System, bei dem ich meine Steuern durch Ausgaben reduziere legalisiert werden. Ich möchte immer eine Rechnung haben, weil das meine Steuerbelastung verringert. Wenn 29 Mrd. 620.000 Arbeitsplätze bedeuten, wären nach Adam Riese 19 Mrd. noch einmal 406.000 Arbeitsplätze.

Steuersatz?

Jetzt stellt sich natürlich die Frage: Wie hoch muss die Lohn- oder Einkommensteuer sein, damit Haushalt Öschnitt nichts mehr „schwarz" machen lassen möchte? Wenn Firmen einen Teil der Arbeit ohne Rechnung machen, spart sich Öschnitt im Normalfall nur die Mehrwertsteuer. Statt 120 Euro zahlt er dann nur 100 Euro. Die Steuer müsste also so hoch sein, dass zumindest diese Differenz ausgeglichen wird. Hier müsste die Steuer also mindestens 17 % betragen, damit die Kosten offiziell nicht höher sind als „schwarz". Reizvoller wäre allerdings, wenn sich Öschnitt bei offizieller Abwicklung wirklich Geld sparen würde. Außerdem könnte ja zusätzlich zur Mehrwertsteuer noch die Sozialversicherungsbeiträge und die eigene zu zahlende Steuer vom Unternehmer abgezogen werden, wenn er es ohne Rechnung macht. Also von den 100 Euro noch die 4,6 % Sozialbeitrag weg, womit wir auf etwa 95,6 Euro landen. Von den 95,6 Euro sind vielleicht noch 10 % Gewinnaufschlag die er selbst versteuern müsste. Nachdem der Unternehmer ja auch etwas verdienen möchte, kann er somit maximal noch seine Steuerbelastung nachlassen – und die hängt wieder davon ab, wie viel er selbst ausgibt und wie hoch wir jetzt den Prozentsatz festlegen.

Bei beispielsweise 40 % Steuer müsste der Unternehmer von seinen 10 % Gewinnaufschlag ca. 3,50 Euro Steuer zahlen und wir müssten somit 92 Euro bezahlen, wenn er es schwarz macht. Bei 40 % Steuer würde uns die Geschichte mit Rechnung statt 120 Euro nach Steuer in Wirklichkeit nur 72 Euro kosten und somit weit weniger als die 92 Euro, die uns der Unternehmer schwarz anbieten kann.

Ausländische Betriebe in Österreich

Ausländische Betriebe, die in Österreich Leistungen erbringen, müssen auch in Österreich Steuer zahlen. Das passiert heute nicht immer korrekt. In dem vorgeschlagenen System würden auch diese Betriebe nur Geld bekommen, wenn sie in Österreich registriert sind und wäre auch hier der Abgabenhinterziehung ein Riegel vorgeschoben.

Österreicher arbeitet im Ausland

Dafür gibt es bereits heute sogenannte Doppelbesteuerungsabkommen mit den meisten Ländern. Auch dafür würde sich sicherlich eine Lösung finden.

Sozialbeitrag statt Steuern und Abgaben

Im neuen System

Haushalt Öschnitt im einfachen System

Auf Seite 9 haben wir den Durchschnittshaushalt Öschnitt ermittelt. Was ändert sich für diesen Haushalt in diesem einfachen System?

1,14 Personen stehen im heutigen System aktiv im Berufsleben, 0,45 gehen in die Schule und die verbleibenden 0,7 sind entweder nicht berufstätig oder bereits in Pension. Netto hat Öschnitt 34.638 Euro im Jahr zur Verfügung. Davon werden im Schnitt 7,5 % also etwa 2.600 Euro pro Jahr gespart und 4,3 % oder 1.480 Euro für Versicherungen ausgegeben.

Im einfachen System zahlt Öschnitt etwas weniger Sozialversicherung und hat somit im Jahr etwa 41.600 Euro zur Verfügung. Da Sparen und Versicherungen nicht die Steuerbemessung reduzieren, müssen am Ende des Jahres 6.800 Euro versteuert werden, damit die Ausgaben für Versicherung und Sparen gleich bleiben. Öschnitt kann also um 4.800 Euro mehr ausgeben als jetzt.

Für alle, die es nachrechnen möchten, hier eine einfache Gegenüberstellung:

Beschreibung	Alt	Neu
Haushaltsbrutto	48.500	48.500
Haushaltsnetto nach Steuerabzug	34.638	
Haushaltsnetto vor Steuerabzug		41.600
Sparen	2.600	2.600
Versicherungen	1.480	1.480
restliche Ausgaben bisher	30.558	30.558
zusätzlich verfügbar		4.242
Steuerabzug	6.962	2.720

Für diese Berechnung wird unterstellt, dass sich das Haushaltseinkommen aus dem Durchschnittseinkommen eines unselbständig Erwerbstätigen und 0,55 Durchschnittspensionisten zusammensetzt.

Wir sehen hier auch gleich, dass die Sorge des völligen Ausbleibens von Lohn- und Einkommensteuer unbegründet ist. Da Versicherungen und Sparen ausgenommen werden, verbleibt weiterhin für Öschnitt ein Steuerabzug – aber um über 4.000 Euro weniger. In Summe immerhin fast 10 Mrd. Euro – unter der Annahme, dass die zusätzlich verfügbaren 4.242 Euro komplett ausgegeben werden.

Sozialbeitrag statt Steuern und Abgaben

Diese 4.242 Euro hochgerechnet über alle 3.769.000 Haushalte ergeben fast 16 Milliarden Umsatz. Auf Seite 51 haben wir von 19 Milliarden Umsatz in der „Schattenwirtschaft" gelesen. Das hätten wir damit beinahe komplett erledigt.

Arbeitsmarkt im einfachen System - Vollbeschäftigung

Das waren aber nur die einfach zu berechnenden Auswirkungen. Wie wir bereits festgestellt haben, bedeuten diese Mehrausgaben automatisch auch mehr Arbeitsplätze. Dadurch würde sich das Haushaltseinkommen von Öschnitt erhöhen und es würde ihm besser gehen. Außerdem hätten wir dann vermutlich die sogenannte Vollbeschäftigung erreicht.

Von Vollbeschäftigung spricht man vereinfacht gesagt dann, wenn jeder einer geregelten Arbeit nachgehen kann. In der Realität wird bereits davon gesprochen, wenn die Arbeitslosigkeit unter 2-3 % absinkt. Für die Arbeitnehmer bedeutet das, dass sie sich ihren Arbeitgeber mehr oder weniger aussuchen können. Für die Arbeitgeber heißt das auf der anderen Seite, dass sie ihren Mitarbeitern etwas bieten müssen, damit sie bei ihnen bleiben – und sei es nur ein gutes Betriebsklima. Mehr zur Vollbeschäftigung im Anhang 4.

Auswirkungen Pensionssystem

Vollbeschäftigung in Kombination mit der höheren Nachfrage nach Mitarbeitern und dem steigenden Wohlfühlfaktor im Job würde wiederum dazu führen, dass automatisch das tatsächliche Pensionsantrittsalter ansteigen würde, weil einerseits sich Unternehmen nicht von „alten" Mitarbeitern trennen möchten (sie brauchen ihre Erfahrung und ihre Leistung) und andererseits der Mitarbeiter aufgrund des guten Betriebsklimas nicht früher als notwendig in Pension gehen möchte. Dabei unterstelle ich, dass jemand eine Aufgabe die ihm Spass macht nicht freiwillig aufgibt. Dieses Phänomen sieht man sehr schön im Bereich der Selbständigen Unternehmer. In dieser Gruppe finden sich viele, die noch weit über das gesetzliche Pensionsalter hinaus berufstätig sind.

Weitere Möglichkeiten – mit Steuern steuern

Höhe des Sozialbeitrags - Kriterien

Aufgrund der relativ niedrigen Höhe des Sozialbeitrags bietet sich auch an, mit ihm ein wenig zu steuern. Immer wieder angesprochen werden in diesem Zusammenhang:

- Weiterbildung der Mitarbeiter

- Beschäftigung älterer Mitarbeiter

- Höhe der Krankenstandstage

- Anzahl der Arbeitsunfälle

- Beschäftigung von Lehrlingen

- Energieeffizienz

Es könnte Zuschläge oder Abschläge geben, wenn entsprechende Kriterien nicht erfüllt werden.

Höhe des Sozialbeitrags – Privatanteil

Genauso könnte natürlich auch der Privatanteil, also jener Prozentsatz, den die Arbeitnehmer selbst abgezogen bekommen, anders gestaltet werden. Sollten anstelle von 15 % beispielsweise nur 10 % abgezogen werden, müsste der Sozialbeitrag anstelle

4,6 % mit 5,3 % angesetzt werden. Die Preise würden sich in diesem Fall allerdings um 0,73 % erhöhen. Ein Absenken des Privatanteils auf 5 % würde eine Sozialbeitragshöhe von knapp unter 6 % erfordern und ohne weitere Maßnahmen zu einer Preissteigerung von voraussichtlich 1,3 % führen.

Wobei natürlich auch alle Abstufungen dazwischen oder auch noch Varianten darunter möglich wären. Eventuell sogar in Kombination mit einem Senken der Bruttolöhne um einen weiteren Reduktionseffekt bei den Arbeitskosten zu erzielen und die Standortattraktivität noch mehr zu erhöhen.

Zu Steuerungsmaßnahmen dieser Art gibt es natürlich viele Ideen. Man sollte jedoch eines dabei nie außer Acht lassen: jede Regelung soll so einfach wie möglich sein, damit kein zusätzlicher Verwaltungsaufwand produziert wird.

Auf den Punkt gebracht

Wir leben zum Glück in einem Sozialstaat. Dieser Sozialstaat muss finanziert werden. Die Finanzierung funktioniert zur Zeit überwiegend über den Arbeitslohn durch Lohnabgaben und -steuern. Importierte Produkte werden nicht belastet. Das – neben vielen anderen Faktoren - führt zu Auslagerung in Billiglohnländer. Dadurch verschwinden bei uns Arbeitsplätze und die verbleibenden müssen höher besteuert werden um das System zu erhalten. Zusätzlich bietet das bestehende System Anreize, daran vorbei zu wirtschaften: Schwarzarbeit wird als Kavaliersdelikt betrachtet.

Die Sicherung unseres Systems ist mit folgenden Änderungen in der Finanzierung einfach umsetzbar:

– Abschaffung Lohnnebenkosten: mehr Arbeitsplätze

– Einführung Sozialbeitrag: Basis sind alle Kosten (also nicht nur Personalkosten sondern auch importierte „Kosten")

– Abschaffung Schwarzarbeit: alle Ausgaben senken die Steuerbemessungsgrundlage

– Verwaltungsvereinfachung: ein Steuertarif und keine komplizierten Ausnahmeregelungen

Sozialbeitrag statt Steuern und Abgaben

Fragen und Antworten

Frage: Ich gebe in einem Jahr mehr aus als ich einnehme, weil ich mir zum Beispiel eine Wohnung kaufe. Was passiert mit dem Betrag, den ich mehr ausgebe? Wie wirkt der auf meine Steuer?

Antwort: Für Unternehmer gibt es den sogenannten Verlustvortrag. Das heißt: wird in einem Jahr mehr ausgegeben als eingenommen, kann ein Teil davon in den folgenden Jahren berücksichtigt werden. Genau so könnten das auch die Privaten machen.

Frage: Ich möchte nicht alle Ausgaben offiziell aufscheinen lassen. Was passiert damit?

Antwort: Diese Ausgaben scheinen nicht auf und reduzieren somit auch nicht die Steuerbemessung.

Frage: Ich muss Unterhalt zahlen. Ist das eine Ausgabe.

Antwort: Bei demjenigen, der den Unterhalt zahlen muss, ist es eine Ausgabe und beim Empfänger eine Einnahme.

Frage: Ich bestelle etwas über das Internet im Ausland und das Unternehmen ist nicht an unser System angebunden. Wie funktioniert das?

Antwort: Wenn das Unternehmen nicht in

unserem System ist, zahlt es auch keinen Sozialbeitrag in Österreich. Daher reduziert diese Ausgabe nicht die Steuerbemessung.

Frage: Gibt es trotzdem noch Pauschalbeträge wie zum Beispiel das Pendlerpauschale?

Antwort: Nein, das ist dann nicht mehr notwendig, da die laufenden Kosten (Treibstoff, Fahrkarte) Ausgaben sind und somit die Steuerbemessung reduzieren. Lediglich die Autoversicherung wirkt sich nicht auf die Steuer aus.

Frage: Gibt es den Verkehrsabsetzbetrag dann trotzdem noch?

Antwort: Nein, da sämtliche Fahrkosten Ausgaben sind (außer Kfz-Versicherung).

Frage: Wenn die Verwaltung viel einfacher wird fallen Arbeitsplätze bei den Sozialversicherungsanstalten und Finanzämtern weg. Haben wir dann mehr Arbeitslose?

Antwort: Im Gegensatz dazu entstehen hunderttausende Arbeitsplätze in der Privatwirtschaft. Die Arbeitslosigkeit sollte somit kein Problem mehr darstellen.

Frage: Ich arbeite in Österreich und lebe im Ausland. Den Großteil meines Geldes gebe ich somit im Ausland aus. Wie weise ich meine Ausgaben nach?

Antwort: Für diese Gruppe gelten die selben Regeln: Einkommen abzüglich registrierter Ausgaben ergibt die Basis für die Berechnung der 40%igen Steuer.

Frage: Ich fahre ins Ausland auf Urlaub. Der über das Reisebüro gebuchte Urlaub reduziert meine Steuerbemessung. Was passiert mit den Ausgaben am Urlaubsort?

Antwort: Die Ausgaben im Urlaubsland tätige ich wie heute auch von dem Betrag, der mir nach der Steuer übrigbleibt. Allerdings werden vermutlich findige Reisefachleute einen Weg finden, auch diese Ausgaben hier in Österreich zu verkaufen und mit Sozialbeitrag abzugsfähig zu machen.

Frage: Meine Frau und ich sind beide berufstätig. Wir haben aber eine gemeinsame Kasse. Müssen wir jetzt darauf achten, dass einer von uns beiden nicht zuviel ausgibt und nichts mehr zu versteuern hat, der andere aber dafür sehr viel.

Antwort: Bei gemeinsamer Kasse ist das egal, da der Steuersatz immer gleich hoch ist und nicht mehr von der Höhe der Steuerzahlung abhängt. Man sollte nur darauf achten, dass nicht einer unter Null fällt. Aber auch dieser Betrag kann in das nächste Jahr mitgenommen werden. Eine Alternative wäre die Familienbesteuerung, bei der die Einkommen einfach zusammengezählt werden. Da es nur einen

Steuersatz gibt, wäre damit kein Nachteil verbunden.

Frage: Meine Frau arbeitet Teilzeit und ich Vollzeit. Wir haben getrennte Konten. Wie gehen wir vor?

Antwort: Der Mann überweist der Frau Haushaltsgeld. Beim Mann ist das eine Ausgabe und bei der Frau eine Einnahme, von der sie wiederum alle Ausgaben abzieht.

Frage: Ich borge jemandem Geld. Was passiert damit?

Antwort: Derjenige, dem ich das Geld borge, hat eine Einnahme und der herborgende eine Ausgabe. Wenn das Geld zurückgegeben wird, ist es umgekehrt.

Frage: Mein Kind bekommt Taschengeld und gibt es teilweise aus. Wie sieht hier die Lösung aus?

Antwort: Hier könnte ich mir eine Bankkarte vorstellen, die keine Überziehung zulässt, und nur zum Bezahlen verwendet werden kann. Die Überweisung der Eltern auf diese Bankkarte ist bei den Eltern eine Ausgabe und beim Kind eine Einnahme. Am Jahresende wird der nicht ausgegebene Betrag versteuert. Alternativ zu einer Bankkarte könnte auch ein Schlüsselanhänger mit einem Display verwendet werden, damit das Kind ablesen kann, wie hoch sein Guthaben ist. Auf jeden Fall würde so auch das Kind bereits das System gut kennenlernen.

Frage: Ich habe nur ein ganz kleine Pension und zahle jetzt keine Steuern, obwohl ich mir Geld spare. Nach diesem System muss ich plötzlich Steuern zahlen. Gibt es hier eine Lösung?

Antwort: Dafür könnte beispielsweise ein Steuerfreibetrag eingeführt werden, sodass Ersparnisse bis zu einem gewissen Betrag steuerfrei bleiben.

Sozialbeitrag statt Steuern und Abgaben

Anhang

Anhang 1 – Wertschöpfungsabgabe

Auszug aus „Arbeit & Wirtschaft" herausgegeben von AK und ÖGB:

Faktor Arbeit entlasten – Meinung:

Geht es um die Finanzierung unseres Sozialsystems, wird gerne die Wertschöpfungsabgabe als mögliche Lösung in Betracht gezogen.

Was ist die Wertschöpfungsabgabe? Die Wertschöpfungsabgabe leitet ihre Bezeichnung davon ab, dass die Brutto-Wertschöpfung alternativ zur Lohn- und Gehaltssumme als Beitragsbasis für Sozialleistungen dienen soll. Das Anknüpfen an die gesamte Wertschöpfung soll die Bemessungsgrundlage breiter und »strukturneutraler« machen. Die Leistungsfähigkeit des Unternehmens soll zum Gradmesser werden, nicht allein die Lohnsumme.

Komponenten der Wertschöpfung:

Die Wertschöpfung eines Unternehmens enthält als nach wie vor größte Komponente die Lohnsumme, dazu kommen Abschreibungen,

Gewinne, Fremdkapitalzinsen, Mieten und Pachten. Durch die Einbeziehung dieser zusätzlichen Komponenten kann die Bemessungsgrundlage für Abgaben, aus denen essenzielle Sozialleistungen finanziert werden, erheblich verbreitert werden.

Im Vergleich zur Lohnsumme (80,8 Milliarden Euro), von der derzeit nicht nur die Arbeitgeberbeiträge zur Sozialversicherung der ArbeiterInnen und Angestellten erhoben werden, sondern auch die Beiträge zum Familienlastenausgleich, der Wohnbauförderungsbeitrag sowie die Kommunalabgabe, würde sich bei Einbeziehung der anderen Wertschöpfungskomponenten (Gewinne bis Abschreibungen) die Bemessungsgrundlage um fast 70 Prozent bzw. 56,2 Mrd. Euro erhöhen. Bei gleichem Beitragssatz bedeutet dies eine deutliche Erhöhung des Aufkommens bzw. kann bei gleichem Aufkommen ein entsprechend niedrigerer Beitragssatz angewendet werden.

Warum Wertschöpfungsabgabe?

Die Wertschöpfungsabgabe soll einen Beitrag zur Finanzierung des Sozialsystems leisten. Die Ausgaben für den »sozialen Schutz« (nach EU-Definition) machen in Österreich knapp unter 30 Prozent des Bruttoinlandsprodukts (BIP) aus. Rund zwei Drittel dieser Ausgaben werden aus Sozialversicherungsbeiträgen finanziert, das restliche Drittel aus allgemeinen Steuermitteln. Diese Finanzierungsanteile haben sich in den letzten zwei Jahrzehnten kaum verändert. Deutlich verändert hat sich hingegen die Zusammensetzung der Steuereinnahmen des Staates. Ein immer größerer Teil der Steuereinnahmen entfällt auf die Lohnsteuer, während die Unternehmenssteuern im Vergleich im Aufkommenswachstum zurückbleiben. Die Unternehmungen - die Kapitalgesellschaften und die Selbstständigen - tragen also verhältnismäßig immer weniger zur Staatsfinanzierung und damit auch zur Finanzierung der Sozialausgaben bei, während die ArbeitnehmerInnen dafür zunehmend stärker belastet werden. Dieser Tendenz der Verschiebung der Finanzierung des Sozialstaats zu Ungunsten der ArbeitnehmerInnen kann durch die Wertschöpfungsabgabe entgegengewirkt werden.

Als weiterer Beweggrund kommt der Umstand hinzu, dass aus den lohnbezogenen Beiträgen zum Familienlastenausgleich immer mehr auch Leistungen an Selbstständige (Bauern und Gewerbetreibende) finanziert werden, die keine Beiträge in den Familienlastenausgleichsfonds (FLAF) einzahlen.

Kapital mehr besteuern!

Die »Entlastung des Faktors Arbeit« wird nicht zuletzt oft auch deswegen gefordert, weil die zunehmende Steuer- und Sozialabgabenbelastung der Lohnsumme bei gleichzeitiger Abnahme der Steuerbelastung des Produktionsfaktors Kapital den Prozess der technischen Rationalisierung beschleunigt. Die hohe Besteuerung des Faktors Arbeit im Verhältnis zur Besteuerung des Faktors Kapital vermindert den Einsatz von Arbeit in der Produktion bzw. führt zu seiner Ersetzung durch Maschinen. Besonders bei schwacher Gesamtnachfrage wirkt sich dies negativ auf die Beschäftigung aus. Eine Rückverschiebung der Steuerlast soll hier gegensteuern. Die beschäftigungsfördernde Wirkung der Wertschöpfungsabgabe sollte aber keinesfalls überschätzt werden. Produktivitätssteigerung und Rationalisierung wird primär vom technischen Fortschritt angetrieben und führt dazu, dass der Arbeitseinsatz pro Produkteinheit vor allem in der Sachgütererzeugung laufend sinkt. Die Verschiebung der relativen Preise von Arbeit und Kapital durch eine Wertschöpfungsabgabe ändert diese Entwicklung nicht nennenswert.

Für die Gesamtbeschäftigung ist vielmehr entscheidend, dass der Verlust an Arbeitsplätzen durch Rationalisierung durch neue Beschäftigungsmöglichkeiten, die im Dienstleistungssektor entstehen, kompensiert wird. Dies setzt voraus, dass die Einkommen langfristig annähernd der Produktivität entsprechend zunehmen und damit neue Nachfrage nach Dienstleistungen entsteht. Der internationale Wettbewerb setzt einer stärkeren Besteuerung von Kapital bzw. der Besteuerung des Einsatzes von Energie und Rohstoffen, welche ebenfalls als Ersatz für eine Senkung der Belastung auf den Faktor Arbeit in Frage kommt, Grenzen. Größere Schritte in dieser Richtung erfordern eine einheitliche Vorgangsweise zumindest auf europäischer (EU-)Ebene. Für eine kleine, offene Volkswirtschaft wie Österreich ist der Spielraum enger - etwa im Ausmaß der Umbasierung der Beiträge zum Familienlastenausgleich.

Umbasierung:

Die Einführung einer Wertschöpfungsabgabe zur Finanzierung von Sozialleistungen bzw. der Sozialversicherung, oft bezeichnet auch als »Umbasierung«, kann aufkommensneutral erfolgen. In diesem Fall kann der Beitragssatz gesenkt werden, da er auf einer breiteren Bemessungsgrundlage angewendet wird; oder sie wird mit der Absicht eingeführt, das Beitragsaufkommen zu erhöhen. In seiner Studie zur Finanzierung des öffentlichen Gesundheitswesens warnt das Wifo davor, die einzelnen Wertschöpfungskomponenten zur Gänze für die Schätzung des Aufkommens einer Wertschöpfungsabgabe heranzuziehen, sondern nur etwa 70 bis 80 Prozent davon.

Wendet man den Beitragssatz des Familienlastenausgleichsfonds (4,5 Prozent, ohne Höchstbeitragsgrundlage) auf die Komponenten der Wertschöpfung im Unternehmenssektor an, so könnten damit zusätzliche zirka zwei Milliarden Euro (unter Berücksichtigung des vom Wifo empfohlenen Abschlages) an Einnahmen erzielt werden. Bei einer aufkommensneutralen Umstellung wäre eine Absenkung des Beitragssatzes auf weniger als drei Prozent möglich. Jedenfalls ist die Größe des Aufkommens aus der Ausweitung der Bemessungsgrundlage zunächst mit erheblicher Unsicherheit belastet, die tatsächliche Ergiebigkeit kann erst nach Einführung genau beurteilt werden.

Weitere Möglichkeiten einer verhältnismäßig einfachen Umbasierung von lohnbasierten Arbeitgeberabgaben bieten sich beim Wohnbauförderungsbeitrag (0,5 Prozent) und der Kommunalabgabe (drei Prozent). Ein größeres Potenzial steckt in den Arbeitgeberbeiträgen zur Sozialversicherung - allerdings sind hier bei der Definition der Beitragsgrundlage für eine Wertschöpfungsabgabe je nach Versicherungsart unterschiedliche erschwerende Aspekte zu berücksichtigen.

Wenn die Lohnquote wie in den letzten zwanzig Jahren eine sinkende Tendenz hat, so hätte eine im Zeitpunkt der Umstellung aufkommensneutrale Einführung der Wertschöpfungsabgabe mittel- und längerfristig auch eine Steigerung des Beitragsaufkommens zur Folge, da die erweiterte Bemessungsgrundlage rascher zunimmt als die Lohnsumme. Da der Anteil des Lohnes an der Wertschöpfung zwischen Unternehmungen und Branchen erhebliche Unterschiede aufweist, kommt es bei einer aufkommensneutralen Umbasierung sowohl zu Entlastungen als auch zu Mehrbelastungen. Mehr Beiträge hätten kapitalintensive Branchen wie z. B. Papierindustrie, der Mineralölhandel, Nachrichtenübermittlung, Wohnungswirtschaft, Banken und Versicherungen zu leisten. Mehr belastet würden Branchen (bzw. Betriebe) mit hohem Selbstständigenanteil und wenig ArbeitnehmerInnen wie Landwirtschaft, Gastgewerbe, freie Berufe. Entlastet würden Industrie und Gewerbe insgesamt sowie der Handel.

Argument Lohnverzicht:

Die Forderung nach einer Wertschöpfungsabgabe bedeutet keine stillschweigende Zustimmung zur Behauptung, dass durch eine Senkung der Löhne mehr Beschäftigung geschaffen werden könnte. Eine Lohnsenkung führt zwar zu einer Senkung der Arbeitskosten, aber bei dieser Argumentation bleibt die Nachfrageseite unberücksichtigt. Die beschäftigungserhöhende Wirkung der billiger gewordenen Arbeit würde nicht eintreten, da gleichzeitig die Lohnempfänger ihre Nachfrage vermindern würden.

Das Hauptziel einer Wertschöpfungsabgabe ist, dass der Produktionsfaktor Kapital bzw. die Unternehmer mit dieser Abgabe wieder einen größeren Beitrag zur Finanzierung des Sozialstaats erbringen.

Verweisen möchte ich auch auf die Arbeit von Mag. Harald Schmadlbauer aus dem Jahr 2005: Wertschöpfungsabgabe: Sinnvolle Ergänzung oder Alternative zur Finanzierung der Sozialversicherung

Auszug aus Wikipedia:

THEORIEN: Da die Wertschöpfungsabgabe den Faktor Kapital in die Bemessung der Sozialabgaben einbezieht, wird dieser stärker von Abgaben betroffen als ohne Wertschöpfungsabgabe. Dies führt zu einer Verringerung der Kapitalbildung und daher in der Zukunft auch zu einer Dämpfung der Nachfrage nach Arbeit. Die Frage lautet, ob der Saldo der kurzfristigen Erhöhung der Arbeitsnachfrage durch die so erzielte Senkung der Lohnnebenkosten und die langfristige Verringerung der Arbeitsnachfrage durch eine Dämpfung beim Aufbau des Kapitalstocks positiv oder negativ sind. Krelle u. a. sind bei Modellrechnungen mit dem Bonner Modell 11 zu der Auffassung gelangt, dass der langfristige Rückgang der Arbeitsnachfrage schwerer wiegt als die kurzfristige Ausweitung aufgrund der Kostensenkung.[1] Angesichts der Langfristigkeit des dabei unterstellten

Prognosehorizontes (10 Jahre und mehr) stellt sich allerdings die Frage, ob die prognostizierten Arbeitsplatzverluste nicht im Rahmen der statistischen Unsicherheit liegen, das heißt möglicherweise genauso gut durch die inhärenten Messfehler beim Kapitalstock und anderen volkswirtschaftlichen Messgrößen liegt.

WISSENSCHAFTLICHE BEWERTUNG: Das Österreichische Institut für Wirtschaftsforschung wies 1997 in einer Studie im Auftrag der Arbeiterkammer darauf hin, dass die Einführung der Wertschöpfungsabgabe im Wesentlichen aufkommensneutral sei, da im Gegenzug die Lohnnebenkosten entsprechend gesenkt werden könnten. Dadurch würde eine Verringerung der Arbeitskosten erreicht, die andererseits jedoch durch eine Erhöhung der Kapitalkosten aufgewogen würde. Kapitalintensive Branchen wie z. B. Finanz- und die Energiewirtschaft würden stärker belastet, während z. B. der Handel aus der Umstellung Vorteile ziehen könnte. Ebenso würden Selbstständige belastet, da sie zukünftig auch eine Abgabe quasi für die eigene Arbeitsleistung bezahlen müssten, was vor allem Landwirte und Ein-Mann-Betriebe benachteiligen würde. Generell würde die Einführung der Wertschöpfungsabgabe positive Effekte für die Beschäftigung, aber negative Effekte für den Kapitaleinsatz haben:

„Der gravierendste Nachteil der Einführung einer Wertschöpfungsabgabe liegt darin, dass sie durch die Erhöhung der Kapitalkosten den technischen Fortschritt langfristig bremst und sich damit ungünstig auf Produktivität, Reallohn und Investitionstätigkeit auswirkt. Statisch gesehen ändert sich durch die Umstellung nur die Abgabenbelastung der Branchen, dynamisch gesehen wird jedoch der Prozess der Kapitalintensivierung, der Verwirklichung technischer Neuerungen, tendenziell verlangsamt. Der Stimulierung der Beschäftigung durch Senkung der Lohnnebenkosten steht also eine Verlangsamung des Fortschritts von Produktivität und Reallöhnen gegenüber.[2]“

Dazu wurde 1985 auch ein Buch herausgegeben:

Gutachten: Gesamtwirtschaftliche Auswirkungen alternativer Bemessungsgrundlagen für die Arbeitgeberbeiträge zur Sozialversicherung"; erst. von Dieter Elixmann [u.a.]; mit e. Vorw. von Wilhelm Krelle

Anhang 2 – Flat Tax

Auszug aus Wikipedia:

Mit Flat Tax (kurz für Flat-Rate Tax) oder Einheitssteuer wird ein einstufiger Einkommensteuertarif bezeichnet. Der Grenzsteuersatz ist konstant, wodurch Eingangs- und Spitzensteuersatz identisch sind. Ohne Grundfreibetrag gibt es damit keine Steuerprogression. Eine Einheitssteuer mit einem Grundfreibetrag führt rechnerisch zu einer indirekten Progression: Während der Grenzsteuersatz gleich bleibt, steigt der Durchschnittssteuersatz mit zunehmendem Einkommen und nähert sich dem Grenzsteuersatz an.

Das Konzept der flat-rate tax wurde 1920 von Dennis Milner vorgeschlagen.[1] In unserer Zeit haben Robert E. Hall und Alvin Rabushka wieder eine flat tax vorgeschlagen.[2] Die Einheitssteuer ist in der Regel konzeptionell mit dem weitgehenden Wegfall von Subventionen und Steuervergünstigungen verbunden, um auch bei einem niedrigen Steuersatz ausreichende Steuereinnahmen zu erzielen.

Bei der reinen Einheitssteuer ohne Grundfreibetrag gibt es keine Umverteilungswirkung. Alle Einkommen werden mit dem gleichen Durchschnittssteuersatz versteuert, der mit dem Grenzsteuersatz identisch ist. Im Falle eines Flat-Tax-Modells mit Grundfreibetrag verläuft der Durchschnittssteuersatz jedoch progressiv, was als Umverteilung der Einkommen interpretiert werden kann. Ob diese höher oder niedriger ist als eine mit ihr verglichene Referenzumverteilung, ergibt erst die Messung in konkreten Fällen: Für die zu vergleichenden Einkommensverteilungen werden vor und nach der Besteuerung Ungleichverteilungsmaße berechnet. Nicht unbedingt aus der Art der Progression, sondern erst aus dem Vergleich der Ungleichverteilungsmaße ergibt sich der Grad der Abmilderung der Einkommensunterschiede.

Im Vergleich zu anderen Steuertarifen kann die Einheitssteuer sowohl zu einer geringeren aber auch zu einer höheren Angleichung von Einkommensunterschieden führen. Das hängt von Grenzsteuersatz und Grundfreibetrag der Einheitssteuer und von den mit ihr verglichenen Steuertarifen ab. Ist sowohl der Grundfreibetrag als auch der Spitzensteuersatz bei einem zu vergleichenden progressiven Steuertarif identisch mit der Flat Tax, dann ist die Umverteilungswirkung der Flat Tax auf jeden Fall geringer. Ist dagegen der Grundfreibetrag der Flat Tax deutlich höher als beim Referenztarif, dann kann die Umverteilungswirkung bei gleichem Spitzensteuersatz höher sein. Die Unterschiede spielen sich dabei im Übergangsbereich zwischen Nullzone und oberstem Einkommenseckwert des Vergleichstarifs ab. Ist der Spitzensteuersatz niedriger als beim Vergleichstarif, dann müssen die im Gegenzug abgeschafften Subventionen in die Betrachtung einbezogen werden, so dass hier eine allgemeine Aussage kaum möglich ist.

Ohne Beschränkung des Durchschnittssteuersatzes auf positive Werte wirkt der Grundfreibetrag bei Einkommen unterhalb dieses Freibetrages als eine negative Einkommensteuer wie sie zum Beispiel Milton Friedman in seinem Buch Capitalism and Freedom vorgeschlagen hat. Es gibt daher zwei Arten der Einheitssteuer mit Grundfreibetrag: Die Einheitssteuer mit Negativsteuer hat bei gleich hohem Grundfreibetrag eine höhere Nivellierungswirkung als eine Einheitssteuer mit einer Beschränkung des Durchschnittssteuersatzes auf den positiven Bereich.

Argumente für die Einheitssteuer:

1. Die Flat Tax erlaubt es, Einkünfte in größerem Umfang als bisher abschließend an der Quelle zu besteuern (Abzugssteuer, Quellensteuer). Lohneinkünfte, Kapitalerträge und Renten könnten vollständig und endgültig durch Steuerabzug an der Quelle besteuert werden; eine Einkommensteuererklärung und Veranlagung wäre im Falle einer reinen Quellensteuer ohne Freibeträge nicht

mehr erforderlich (=Abgeltungsteuer).

2. Der Anreiz, Einkommen zwischen Personen oder Besteuerungsabschnitten zu verschieben, wird verringert. Es spielt keine Rolle mehr, welchem Jahr oder welcher Person eine Einnahme zugeordnet wird, denn der Steuersatz ist immer gleich.

3. Das Ehegattensplitting spielt keine Rolle mehr, wenn keine Grundfreibeträge angerechnet werden, da dann bei jedem Ehegatten der Steuersatz gleich hoch ist. Werden Grundfreibeträge für jeden Ehepartner berücksichtigt, tritt die diesbezügliche Problematik auch bei der Einheitssteuer auf. Da der Effekt des Ehegattensplittings dann doch wieder erwünscht sein kann, könnte dies auch als Argument gegen die Einheitssteuer gesehen werden.

4. Die Einteilung in Lohnsteuerklassen erübrigt sich und damit auch die Kritik an der vermeintlich diskriminierenden Wirkung der Steuerklasse V (in Deutschland).

5. Die Einheitssteuer könnte das Problem der Verknüpfung von Einkommensteuer und Körperschaftsteuer zu einer rechtsformneutralen Besteuerung von Unternehmensgewinnen lösen. Wenn auch die Bemessungsgrundlage von Körperschaftsteuer und Einkommensteuer

vereinheitlicht wird, dann werden im Falle eines Einheitssteuersatzes alle Unternehmensgewinne gleich besteuert.

6. Eine Einheitssteuer könnte eine Vereinfachung im Einkommensteuerrecht schaffen und so zu einer einfacheren Steuererklärung führen. Allerdings hängt eine Vereinfachung weniger mit dem Tarifverlauf als mit der gesetzlichen Ausgestaltung der Bemessungsgrundlage zusammen. Während die Einführung einer Flat Tax in der Slowakei zu einer Vereinfachung der Steuererklärungen geführt hat, hat die Einführung in Russland zu keiner Vereinfachung geführt.

7. Die versteckte Steuererhöhung durch die „Kalte Progression" kann durch die Einführung einer Flat Tax vermieden werden.

8. Die Kapitallenkungsmöglichkeiten des Staates, über steuerliche Anreize Investitionen (z. B. in erneuerbare Energien, Schiffbau oder geschlossene Immobilienfonds) zu fokussieren, werden erschwert. Nach Ansicht mancher Wirtschaftswissenschaftler hätten solche staatlichen Lenkungswirkungen fast immer negative Auswirkungen, so dass dies ein Vorteil sei.

Argumente gegen die Einheitssteuersatzes

1. Wenn eine Einheitssteuer zu dem gleichen Einkommensteueraufkommen wie nach geltendem Recht führen soll und der Grundfreibetrag nicht erhöht wird, liegt der einheitliche Steuersatz deutlich über dem bisherigen Eingangssteuersatz und unter dem bisherigen Spitzensteuersatz. Dies bedeutet im Vergleich zu einem direkt-progressiven Einkommensteuertarif, bei dem die durchschnittliche Steuerbelastung bis zum Spitzensteuersatz nahezu linear ansteigt und erst dann abzuflachen beginnt, eine höhere Belastung niedriger und eine niedrigere Belastung höherer Einkommen. Bei der Einheitssteuer steigt der Durchschnittssteuersatz zunächst steil an und flacht dann frühzeitig ab. Ohne zusätzliche Freibeträge hätten dadurch auch Bezieher mittlerer Einkommen eine höhere Steuerlast zu tragen.

2. Das Konzept der Einheitssteuer ist politisch schwer vermittelbar, weil Medien, Öffentlichkeit und ein Teil des politischen Spektrums den Begriff der Progression meist mit steigenden Grenzsteuersätzen verbinden und insofern bei einem einheitlichen Grenzsteuersatz von einer Aufgabe des Prinzips der Einkommensteuerprogression ausgehen.

3. Zwar ist eine Einheitssteuer nicht notwendig mit einer Verbreiterung der Bemessungsgrundlage

Sozialbeitrag statt Steuern und Abgaben

verbunden. Um ihre Einführung populärer zu machen, wird aber häufig ein relativ niedriger Steuersatz gefordert, wobei die sich daraus ergebenden Mindereinnahmen durch eine Ausweitung der Steuerbasis ausgeglichen werden sollen. Die Abschaffung von Ausnahmetatbeständen kann jedoch - trotz niedrigem Grenzsteuersatz - zu individuellen Steuererhöhungen führen, abhängig von Steuersatz und Freibetrag.

4. Die geringere Differenz zwischen Grenzsteuersätzen und Durchschnittssteuersätzen könnte den Lohndruck in Tarifverhandlungen erhöhen und somit Arbeitsplätze kosten.

5. Im Idealfall orientiert sich der Steuertarif an den Nutzenfunktionen der Steuerpflichtigen und enthält darüber hinaus eine Umverteilungskomponente. Durch eine Einheitssteuer legt sich der Gesetzgeber auf einen bestimmten Progressionsverlauf fest, der sich nicht aus Nutzenfunktionen plus Umverteilungsvorgabe mathematisch herleiten lässt. Mit anderen Worten: Konkrete Annahmen über die Nutzenfunktionen sowie exakt festgelegte Vorgaben über die mit dem Steuertarif bezweckte Umverteilung können Progressionsverläufe erforderlich machen, die mit einem einheitlichen Grenzsteuersatz nicht erreichbar sind.

6. In Deutschland bemessen sich trotz (weitgehend) einkommensunabhängiger Gegenleistungen die Beiträge zur gesetzlichen Kranken- und Pflegeversicherung bis zur Beitragsbemessungsgrenze proportional nach dem (Arbeits-) Einkommen. Oberhalb der Beitragsbemessungsgrenze bleiben die Beiträge konstant, d. h. die Grenzbelastung durch Sozialabgaben beträgt für höhere Einkommen null. Steigende Grenzsteuersätze bei der Einkommensteuer stellen einen gewissen Ausgleich dar, der bei einer Einheitssteuer entfallen würde.

7. Eine Einheitssteuer würde nichts daran ändern, dass – wie schon im gegenwärtigen Steuersystem – einflussreiche Lobbygruppen spezielle Regelungen durchsetzen können.

Länder mit Flat-Tax-Modell (Quelle ebenfalls Wikipedia):

Sozialbeitrag statt Steuern und Abgaben

Land	Einkom-mensteuer	Grundfrei-betrag	Körper-schafts-steuer
Albanien	10,00%		
Bulgarien	10,00%		10,00%
Estland	21,00%	€ 1.726,00	24,00%
Georgien	25,00%		20,00%
Hongkong	16,00%		17,50%
Island	36,00%		18,00%
Kirgisistan	10,00%		10,00%
Lettland	23,00%	€ 599,00	15,00%
Litauen	15,00%	€ 1.633,00	15,00%
Mazedonien	10,00%		10,00%
Mongolei	10,00%		25,00%
Rumänien	16,00%	€ 59,00	16,00%
Russland	13,00%		24,00%
Tschechien	15,00%	Absetz-betrag € 963,00	21,00%
Ukraine	15,00%		25,00%

Anhang 3 – Leistungs- und Strukturstatistik

Hauptergebnisse der Leistungs- und Strukturstatistik 2013:

ÖNACE 2008	Kurzbezeichnung	Unter-Nehmen	Umsatzerlöse in 1.000 EUR	Bruttobetriebs-überschuss in 1.000 EUR
	INSGESAMT	324.709	709.546.018	69.006.943
B	Bergbau	353	2.497.745	870.323
C	Herstellung von Waren	25.129	176.744.217	15.279.407
D	Energieversorgung	2.256	38.505.739	2.812.612
E	Wasserversorgung und Abfallentsorgung	2.050	5.350.500	961.554
F	Bau	33.518	43.400.681	4.052.023
G	Handel	75.817	239.579.188	9.662.972
H	Verkehr	13.957	40.734.989	6.711.294
I	Beherbergung und Gastronomie	46.073	16.759.171	2.687.884
J	Information und Kommunikation	18.042	20.681.410	3.065.822
K	Finanz- und Versicherungsleistungen	6.447	57.707.623	6.308.840
L	Grundstücks- und Wohnungswesen	21.435	16.959.232	7.501.943

Sozialbeitrag statt Steuern und Abgaben

Auswirkung des Sozialbeitrags:

ÖNACE 2008	Kurzbezeichnung	Anz. Betr.	Anz. Mitarb	davon unselb	Preis- änderg.
B0811	Gewinng Natur- u. Kalkstein	55	573	541	-2,35%
B0812	Gew. Kies, Sand, Ton, Kaolin	260	3521	3352	-1,48%
B0892	Torfgewinng	6	29	24	-3,58%
B0899	Gewinng Steinen Erden a.n.g.	10	248	243	-0,14%
B0910	Dienstlg Erdöl- und Erdgasgew.	8	88	86	0,99%
B0990	Dienstlg sonst. Bergbau	7	35	31	-5,23%
C1011	Schlachten (ohne Geflügel)	159	3806	3669	2,52%
C1012	Schlachten Geflügel	14	1561	1554	1,35%
C1013	Fleischverarbeitung	783	12510	11779	0,07%
C1020	Fischverarbeitung	6	134	129	0,96%
C1031	Kartoffelverarbeitung	4	555	554	-0,38%
C1032	H.v. Frucht- und Gemüsesäften	58	1739	1693	1,07%
C1039	Sonst. Verarb. Obst und Gemüse	68	1692	1637	0,43%
C1041	H.v. Ölen Fetten (o Margarine)	66	540	480	2,99%
C1042	H.v. Margarine u.ä. Nahrgsfette	3	285	284	2,67%
C1051	Milchverarbeitung	132	5126	5048	1,97%
C1052	H.v. Speiseeis	19	90	67	-1,73%
C1071	H.v. Backwaren (o Dauerbackware)	1675	28849	27347	-4,92%
C1072	H.v. Dauerbackware	20	1536	1525	-0,55%
C1073	H.v. Teigwaren	48	629	589	-1,06%
C1082	H.v. Süßwaren (o Dauerbackwaren)	36	1989	1969	-2,35%
C1083	Verarbeitung Kaffee und Tee	30	625	605	0,33%
C1084	H.v. Würzmitteln und Soßen	31	1669	1652	0,19%
C1085	H.v. Fertiggerichten	23	935	923	-1,02%
C1089	H.v. sonst. Nahrgsmitteln a.n.g.	84	2224	2172	0,39%
C1091	H.v. Futtermitteln für Nutztiere	48	1108	1080	2,63%
C1092	H.v. Futtermit. f. sonst. Tiere	15	984	976	0,48%
C1101	H.v. Spirituosen	147	873	736	-0,11%
C1102	H.v. Traubenwein	53	572	529	1,92%

ÖNACE 2008	Kurzbezeichnung	Anz. Betr.	Anz. Mitarb	davon unselb	Preis- änderg.
C1103	H.v. Apfelwein und Fruchtweinen	8	59	52	-1,18%
C1105	H.v. Bier	77	3974	3919	-1,35%
C1107	H.v. Erfrischungsgetränken	74	3231	3194	2,58%
C1310	Spinnstoffaufbereitg u Spinnerei	17	959	951	-0,82%
C1320	Weberei	39	2140	2124	-2,72%
C1330	Veredlung Textilien u Bekleidung	120	950	849	-3,85%
C1391	H.v. gewirkte u gestrickte Stoff	21	382	364	-0,72%
C1392	H.v. konfektionierte Textilwaren	112	1619	1536	-1,75%
C1393	H.v. Teppichen	17	316	305	0,07%
C1394	H.v. Seilerwaren	14	52	41	-3,79%
C1395	H.v. Vliesstoff u -erzeugnissen	4	153	152	0,54%
C1396	H.v. technischen Textilien	46	1369	1345	-4,60%
C1399	H.v. sonst. Textilwaren a.n.g.	220	958	766	-1,25%
C1411	H.v. Lederbekleidung	16	44	28	-1,14%
C1412	H.v. Arbeits- u Berufsbekleidung	15	593	585	-1,14%
C1413	H.v. sonst. Oberbekleidung	531	2937	2437	-1,41%
C1414	H.v. Wäsche	27	1974	1957	-1,74%
C1419	H.v. sonst. Bekleidg u -zubehör	66	439	379	-1,69%
C1420	H.v. Pelzwaren	42	103	63	-1,65%
C1511	H.v. Leder und Fellen	31	2329	2307	-0,52%
C1512	Lederverarbeitg (o. -bekleidg)	59	487	434	-5,35%
C1520	H.v. Schuhen	86	1387	1323	0,84%
C1610	Säge-/Hobel-/Holzimprägnierwerk	1052	10778	9893	1,33%
C1621	H.v. Furnier- u Holzfaserplatten	27	3957	3943	-0,39%
C1622	H.v. Parketttafeln	27	1256	1244	1,50%
C1623	H.v. Ausbauelementen aus Holz	1197	15346	14332	-2,05%
C1624	H.v. Verpackungsmitteln aus Holz	114	1156	1071	-1,24%
C1629	H.v. Holzwaren a.n.g.; Korbwaren	333	1053	730	-3,07%
C1711	H.v. Holz- und Zellstoff	3	447	446	1,12%
C1712	H.v. Papier, Karton und Pappe	28	6747	6739	0,58%

Sozialbeitrag statt Steuern und Abgaben

ÖNACE 2008	Kurzbezeichnung	Anz. Betr.	Anz. Mitarb	davon unselb	Preis- änderg.
C1721	H.v. Wellpapier und -pappe	61	5453	5436	-1,14%
C1722	H.v. Haushaltsart. aus Papier	6	1298	1296	-0,14%
C1723	H.v. Bürobedarf aus Papier	8	277	274	-2,78%
C1729	H.v. sonst. Waren aus Papier	31	2481	2471	-1,46%
C1811	Drucken Zeitungen	18	688	678	-6,84%
C1812	Drucken a.n.g.	623	9323	8873	-2,92%
C1813	Druck- und Medienvorstufe	128	727	632	-3,97%
C1814	Binden Druckerzeugnissen	85	570	496	-4,48%
C1820	Vervielf. bespielte Datenträger	20	1179	1162	-0,61%
C1920	Mineralölverarbeitung	4	1124	1123	4,17%
C2011	H.v. Industriegasen	7	804	802	-1,02%
C2013	H.v. sonst anorgan Grundstoffen	21	706	699	-0,79%
C2014	H.v. sonst organ Grundstoffen	13	1509	1501	0,45%
C2015	H.v. Düngemitteln	17	977	969	0,65%
C2016	H.v. Kunststoff in Primärformen	22	2235	2229	3,87%
C2020	H.v. Pflanzenschutzmitteln	10	365	362	1,44%
C2030	H.v. Anstrichmitteln und Kitten	42	2758	2734	-1,38%
C2041	H.v. Wasch- u Reinigungsmitteln	43	2077	2047	-1,24%
C2042	H.v. Körperpflegemitteln	92	777	703	-0,94%
C2051	H.v. pyrotechn Erzeugnissen	13	130	120	-4,47%
C2052	H.v. Klebstoffen	3	90	89	-9,80%
C2053	H.v. etherischen Ölen	10	407	401	-1,71%
C2059	H.v. chemischen Erzeugn. a.n.g.	47	1977	1961	1,66%
C2060	H.v. Chemiefasern	5	2511	2511	-1,44%
C2110	H.v. Pharmazeut. Grundstoffen	9	3986	3984	-0,15%
C2120	H.v. Pharmazeut. Spezialitäten	78	9131	9095	-1,91%
C2211	H.v. Bereifungen; Runderneuerung	6	99	96	0,17%
C2219	H.v. sonst. Gummiwaren	38	1921	1902	-0,17%
C2221	H.v. Kunststoffpl. und -folien	84	6772	6745	-0,41%
C2222	H.v. Kunststoffverpackgsmitteln	49	4152	4135	-0,96%

ÖNACE 2008	Kurzbezeichnung	Anz. Betr.	Anz. Mitarb	davon unselb	Preis- änderg.
C2223	H.v. Kunststoffbaubedarfsart,.	112	5221	5170	-2,43%
C2229	H.v. sonst. Kunststoffwaren	305	10731	10553	-3,20%
C2311	H.v. Flachglas	7	35	30	-5,10%
C2312	Veredlung, Bearbeitung Flachglas	45	2541	2518	-3,50%
C2313	H.v. Hohlglas	76	1484	1415	-1,73%
C2314	H.v. Glasfasern und Waren daraus	3	210	209	-3,89%
C2319	H.v. sonst Glas; inkl. Veredlung	28	5237	5216	-6,58%
C2320	H.v. feuerfeste keramische Waren	13	1501	1497	-1,96%
C2331	H.v. keram. Wand- u Bodenfliesen	4	68	65	-6,79%
C2332	H.v. Ziegeln u sonst. Baukeramik	20	912	903	-2,90%
C2341	H.v. keramischen Haushaltswaren	122	336	213	-6,48%
C2349	H.v. sonst. keram Erzeugnissen	29	220	193	-2,82%
C2351	H.v. Zement	7	1169	1167	-1,81%
C2352	H.v. Kalk und gebranntem Gips	4	26	26	0,05%
C2361	H.v. Beton-/Zement f Bauzwecke	167	4708	4633	-2,85%
C2362	H.v. Gipserzeugnissen f den Bau	8	445	439	-1,57%
C2363	H.v. Frischbeton	123	3469	3451	-0,14%
C2364	H.v. Mörtel und anderem Beton	15	1506	1506	-0,27%
C2365	H.v. Faserzementwaren	10	552	550	-4,78%
C2369	H.v. Beton-/Zementerzeugn a.n.g.	25	323	308	-3,23%
C2370	Bearbeitung Natursteinen a.n.g.	553	3487	3024	-4,37%
C2391	H.v. Schleifkörpern und -mitteln	7	1874	1871	-4,04%
C2399	H.v. Mineralerzeugnissen a.n.g.	71	1138	1128	1,27%
C2410	Roheisen- und Stahlerzeugung	19	14545	14544	0,72%
C2420	H.v. Stahlrohren	16	3565	3562	-0,09%
C2433	H.v. Kaltprofilen	9	1432	1429	-0,17%
C2441	Erzeugung Edelmetallen	9	192	187	2,78%
C2442	Erzeugung Aluminium	23	4082	4076	1,89%
C2443	Erzeugung Blei, Zink und Zinn	3	48	46	1,87%
C2444	Erzeugung Kupfer	9	1190	1187	2,73%

Sozialbeitrag statt Steuern und Abgaben

ÖNACE 2008	Kurzbezeichnung	Anz. Betr.	Anz. Mitarb	davon unselb	Preis- änderg.
C2445	Erzeugung sonstigen NE-Metallen	11	2001	1995	-0,46%
C2451	Eisengießereien	12	1376	1374	-3,20%
C2452	Stahlgießereien	3	802	802	-3,30%
C2453	Leichtmetallgießereien	26	3683	3675	-2,46%
C2454	Buntmetallgießereien	10	461	457	-2,61%
C2511	H.v. Metallkonstruktionen	1222	19338	18494	-2,30%
C2512	H.v. Ausbauelementen aus Metall	334	4440	4206	-3,57%
C2521	H.v. Heizkörpern und -kesseln	24	1984	1979	-1,35%
C2529	H.v. Metallsammelbehält u -tanks	26	1363	1358	-2,57%
C2530	H.v. Dampfkesseln	5	304	302	-1,16%
C2540	H.v. Waffen und Munition	49	1267	1229	-1,47%
C2550	H.v. Schmiede- und Stanzteilen	422	6492	6137	-1,16%
C2561	Oberflächenveredlung/Wärmebehand	257	5221	5074	-3,32%
C2562	Mechanik a.n.g.	581	8406	8043	-0,66%
C2571	H.v. Schneidwaren und Bestecken	19	49	31	-2,78%
C2572	H.v. Schlössern und Beschlägen	182	9552	9414	-3,17%
C2573	H.v. Werkzeugen	258	7847	7705	-3,86%
C2592	H.v. Verpackungen aus Eisen	10	1072	1071	-0,52%
C2593	H.v. Drahtwaren, Ketten u Federn	47	2066	2043	-1,52%
C2599	H.v. sonst. Metallwaren a.n.g	349	4186	3922	-2,25%
C2611	H.v. elektronischen Bauelementen	96	5588	5528	-2,22%
C2612	H.v. bestückten Leiterplatten	30	2719	2703	-2,69%
C2620	H.v. Datenverarbeitungsgeräten	37	910	884	-2,29%
C2630	H.v. Telekommunikationsgeräten	64	1973	1935	-4,50%
C2640	H.v. Geräten Unterhaltungselektr	33	796	770	-3,04%
C2651	H.v. Mess- u Kontrollinstrumente	223	5487	5364	-4,06%
C2652	H.v. Uhren	29	92	59	-1,42%
C2660	H.v. Elektromedizinische Geräte	49	2409	2373	-2,39%
C2670	H.v. opt./fotografische Geräte	20	1031	1025	-3,70%
C2711	H.v. Elektromotore u Generatore	62	16210	16174	-2,46%

ÖNACE 2008	Kurzbezeichnung	Anz. Betr.	Anz. Mitarb	davon unselb	Preis- änderg.
C2712	H.v. Elektrizitätsverteilgseinr.	131	8055	7981	-2,49%
C2720	H.v. Batterien und Akkumulatoren	4	651	651	0,27%
C2732	H.v. sonst elektr Drähte u Kabel	28	1698	1682	0,65%
C2740	H.v. elektr. Lampen und Leuchten	104	4852	4779	-1,10%
C2751	H.v. elektr. Haushaltsgeräten	33	3258	3243	-2,95%
C2752	H.v. nicht elektr Haushaltsgerät	18	988	983	-0,64%
C2790	H.v. elektr. Ausrüstungen a.n.g.	69	7808	7777	-2,36%
C2811	H.v. Verbrennungsmotor u Turbine	27	2113	2103	-1,90%
C2812	H.v. hydraulischen Komponenten	46	1904	1874	-2,28%
C2813	H.v. Pumpen u Kompressore a.n.g.	22	4323	4311	-2,66%
C2814	H.v. Armaturen a.n.g.	24	1337	1324	-0,90%
C2815	H.v. Lager, Getriebe u Zahnräder	35	4395	4386	-2,30%
C2821	H.v. Öfen und Brennern	74	2451	2406	-2,17%
C2822	H.v. Hebezeugen u Fördermitteln	138	10561	10504	-1,09%
C2823	H.v. Büromaschinen	6	202	199	-3,34%
C2824	H.v. Handwerkzeugen Motorantrieb	14	117	105	-2,99%
C2825	H.v. kälte-/lufttechn Erzeugn.	132	4898	4823	-1,15%
C2829	H.v. sonstigen Maschinen a.n.g.	127	6697	6638	-1,48%
C2830	H.v. land-/forstwirt. Maschinen	117	6335	6271	0,00%
C2841	H.v. Maschine f d Metallbearbeit	87	4186	4141	-1,95%
C2849	H.v. sonst. Werkzeugmaschinen	63	2220	2184	-2,77%
C2891	H.v. Maschine f d Metallerzeug	15	2313	2306	-2,57%
C2892	H.v. Bergwerks- und Baumaschinen	52	4763	4735	-0,25%
C2893	H.v. Maschine/Nahrungsmittelerz.	52	1582	1552	-2,41%
C2894	H.v. Textilherstellungsmaschinen	21	528	513	-5,19%
C2895	H.v. Maschinen/Papiererzeugung	14	2968	2963	-2,50%
C2896	H.v. Maschine/Kunststoffverarb.	50	5662	5650	-1,74%
C2899	H.v. Maschine/Wirtsch.zw. a.n.g.	211	9415	9322	-2,61%
C2910	H.v. Kraftwagen u Kraftwagenmot.	15	12478	12476	2,03%
C2920	H.v. Karosserien und Aufbauten	217	4007	3850	-1,62%

Sozialbeitrag statt Steuern und Abgaben

ÖNACE 2008	Kurzbezeichnung	Anz. Betr.	Anz. Mitarb	davon unselb	Preis- änderg.
C2931	H.v. elektr. Ausrüstungen f Kfz	14	1337	1331	2,41%
C2932	H.v. sonst Teile u Zubehör f Kfz	55	12481	12473	-0,81%
C3012	Boots- und Yachtbau	38	199	169	-2,27%
C3030	Luft- und Raumfahrzeugbau	20	954	945	-5,16%
C3092	H.v. Fahrrädern	13	702	696	0,81%
C3101	H.v. Büro- und Ladenmöbeln	154	3937	3844	-4,04%
C3102	H.v. Küchenmöbeln	88	1472	1389	-2,57%
C3103	H.v. Matratzen	16	574	569	-0,65%
C3109	H.v. sonst. Möbeln	2889	22480	19853	-3,42%
C3212	H.v. Schmuck; Gold-/Silber	382	941	564	-1,50%
C3220	H.v. Musikinstrumenten	206	870	671	-7,03%
C3230	H.v. Sportgeräten	81	3123	3075	-1,25%
C3240	H.v. Spielwaren	78	1797	1732	-0,80%
C3250	H.v. medizinischen Apparaten	896	8753	7999	-4,65%
C3291	H.v. Besen und Bürsten	17	116	106	-2,60%
C3299	H.v. sonst. Erzeugnissen a.n.g.	163	1578	1434	-2,62%
C3311	Reparatur Metallerzeugnissen	67	541	487	-3,29%
C3312	Reparatur Maschinen	1109	5658	4685	-2,55%
C3313	Rep. elektr./optischen Geräte	70	2310	2255	-4,07%
C3314	Reparatur elektr. Ausrüstungen	126	798	679	0,89%
C3315	Reparatur Schiffen und Booten	28	193	167	-4,04%
C3316	Rep. Luft- und Raumfahrzeugen	51	257	216	-4,54%
C3317	Reparatur Fahrzeugen a.n.g.	16	3429	3419	-5,09%
C3319	Reparatur sonst. Ausrüstungen	43	119	77	-1,16%
C3320	Installation Maschinen a.n.g.	418	10863	10585	-3,14%
D3511	Elektrizitätserzeugung	1125	9530	8464	-0,46%
D3512	Elektrizitätsübertragung	6	3058	3057	1,00%
D3513	Elektrizitätsverteilung	70	11032	11023	-0,76%
D3514	Elektrizitätshandel	58	1828	1808	4,02%
D3521	Gaserzeugung	8	28	23	-4,27%

ÖNACE		Anz.	Anz.	davon	Preis-
2008	Kurzbezeichnung	Betr.	Mitarb	unselb	änderg.
D3522	Gasverteilg durch Rohrleitungen	17	1443	1440	2,55%
D3523	Gashandel durch Rohrleitungen	16	349	345	4,56%
D3530	Wärme- und Kälteversorgung	956	2134	1514	1,97%
E3600	Wasserversorgung	586	1788	1762	-2,33%
E3700	Abwasserentsorgung	675	3326	3200	-1,73%
E3811	Sammlung nicht gefährl. Abfälle	298	9684	9543	-1,11%
E3812	Sammlung gefährlicher Abfälle	25	305	291	-1,34%
E3821	Behandlg nicht gefährl Abfälle	289	2211	2014	-0,15%
E3822	Behandlg gefährlicher Abfälle	26	273	267	-0,98%
E3831	Zerlegen Schiffs-/Fahrzeugwracks	3	23	23	1,45%
E3832	Rückgewinng sortiert Werkstoffe	134	2301	2233	2,17%
E3900	Beseitigg Umweltverschmutzungen	14	91	87	2,62%
F4110	Erschließg Grundstücke; Bauträgr	1232	3494	2729	2,25%
F4120	Bau Gebäuden	3220	55100	53496	-1,89%
F4211	Bau Straßen	345	18075	18001	-1,37%
F4212	Bau Bahnverkehrsstrecken	57	969	965	0,00%
F4213	Brücken- und Tunnelbau	68	3828	3816	-0,99%
F4221	Rohrleitungstiefbau, Kläranlbau	228	9209	9145	-0,70%
F4222	Kabelnetzleitungstiefbau	55	1220	1209	-0,59%
F4291	Wasserbau	158	392	260	1,27%
F4299	Tiefbau a.n.g.	73	1075	1042	-2,34%
F4311	Abbrucharbeiten	162	2224	2127	-2,31%
F4312	Vorbereitende Baustellenarbeiten	1783	7126	5490	-2,49%
F4313	Test- und Suchbohrung	33	227	213	-2,02%
F4321	Elektroinstallation	4369	37306	33818	-3,50%
F4322	Gas-/Wasser-/Heizungsinstal.	4150	38128	35207	-2,40%
F4329	Sonst. Bauinstallation	865	7253	6565	-4,00%
F4331	Anbringen Stuckatur, Verputz	1837	9493	7770	-3,57%
F4332	Bautischlerei und -schlosserei	3445	11802	8523	-1,92%
F4333	Fußboden-/Fliesenleg./Tapezierer	3082	15332	12507	-2,66%

Sozialbeitrag statt Steuern und Abgaben

ÖNACE		Anz.	Anz.	davon	Preis-
2008	Kurzbezeichnung	Betr.	Mitarb	unselb	änderg.
F4334	Malerei und Glaserei	3269	21220	18226	-5,24%
F4339	Ausbau a.n.g.	558	3058	2591	-1,81%
F4391	Dachdeckerei und Zimmerei	2763	22735	20689	-3,41%
F4399	Spezial Bautätigkeiten a.n.g.	1766	13899	12506	-2,85%
G4511	Handel mit Kraftwagen <=3,5t	3694	35393	31801	2,61%
G4519	Handel mit Kraftwagen >3,5t	103	2682	2599	2,10%
G4520	Reparatur Kraftwagen	4593	27627	23171	-0,45%
G4531	GH - Kraftwagenteile u -zubehör	317	7394	7154	1,58%
G4532	EH - Kraftwagenteile u -zubehör	1068	5139	4109	0,13%
G4540	Handel und Reparatur Krafträdern	433	2045	1620	1,61%
G4611	HV - Landwirtschaftl Grundstoffe	110	278	180	-3,07%
G4612	HV - Brennstoff, Erz u Metall	139	443	332	-6,07%
G4613	HV - Holz und Baustoffe	675	1336	703	-1,77%
G4614	HV - Maschinen u techn Bedarf	843	2357	1598	-4,78%
G4615	HV - Möbel u Haushaltsgegenständ	506	996	515	-1,79%
G4616	HV - Textilien und Bekleidung	392	950	582	-3,83%
G4617	HV - Nahrungsmittel und Getränke	264	677	438	-3,75%
G4618	HV - Sonst. Waren	2092	4293	2319	-4,23%
G4619	HV ohne ausgeprägten Schwerpunkt	2869	5303	2545	-0,86%
G4621	GH - Getreide und Saatgut	437	14491	14131	2,70%
G4622	GH - Blumen und Pflanzen	117	682	578	1,94%
G4623	GH - Lebende Tiere	348	1343	1005	3,99%
G4624	GH - Häute, Felle und Leder	34	164	137	3,16%
G4631	GH - Obst, Gemüse und Kartoffeln	382	4290	3935	2,87%
G4632	GH - Fleisch und Fleischwaren	222	3382	3169	3,00%
G4633	GH - Milch, Eier und Speiseöle	91	931	859	3,38%
G4634	GH - Getränke	762	4887	4190	1,95%
G4635	GH - Tabakwaren	12	683	674	4,05%
G4636	GH - Zucker, Süß- und Backwaren	60	548	507	3,11%
G4637	GH - Kaffee, Tee, Kakao u Gewürz	78	807	745	2,36%

ÖNACE 2008	Kurzbezeichnung	Anz. Betr.	Anz. Mitarb	davon unselb	Preis- änderg.
G4638	GH - Sonst. Nahrungsmittel	322	3782	3541	2,77%
G4639	GH - verschiedene Nahrungsmittel	364	8858	8551	2,47%
G4641	GH - Textilien	317	1853	1607	1,49%
G4642	GH - Bekleidung und Schuhe	454	3872	3511	2,08%
G4643	GH - Elektr. Haushaltsgeräte	432	5040	4720	2,30%
G4644	GH - Glasware u Reinigungsmittel	162	1805	1680	0,89%
G4645	GH - Körperpflegemittel	264	2501	2316	1,07%
G4646	GH - Pharm. und med. Erzeugnisse	959	14459	13838	1,85%
G4647	GH - Möbel, Teppiche und Lampen	284	2483	2249	1,13%
G4648	GH - Uhren und Schmuck	245	1098	883	1,82%
G4649	GH - Sonst. Gebrauchsgüter	1310	10599	9495	2,49%
G4651	GH - Datenverarbeitungsgeräte	467	6215	5877	2,66%
G4652	GH - Elektronische Bauteile	253	2635	2474	3,17%
G4661	GH - Landwirtschaftl Maschinen	477	4472	4023	2,19%
G4662	GH - Werkzeugmaschinen	149	1136	1027	2,06%
G4663	GH - Bergwerks-/Baustoffmasch	189	2261	2123	1,31%
G4664	GH - Textil- und Nähmaschinene	21	89	71	0,83%
G4665	GH - Büromöbel	105	984	906	1,29%
G4666	GH - Sonst. Büromaschinen	93	1713	1647	0,25%
G4669	GH - Sonst. Maschinen	2967	26185	24038	0,85%
G4671	GH - Fest Brennst./Mineralölerz.	254	2857	2649	4,42%
G4672	GH - Erze und Metalle	377	4448	4187	3,87%
G4673	GH - Holz und Baustoffe	1294	15634	14608	2,43%
G4674	GH - Metallwaren für den Bau	762	16825	16303	0,87%
G4675	GH - Chemische Erzeugnisse	357	2879	2628	2,61%
G4676	GH - Sonst. Halbwaren	255	3377	3211	3,69%
G4677	GH - Altmaterialien u Reststoffe	262	2277	2054	2,79%
G4690	GH ohne ausgeprägten Schwerpunkt	876	4341	3662	3,61%
G4711	Lebensmitteleinzelhandel	3175	99066	95874	0,95%
G4719	Sonst. EH mit Waren versch. Art	703	7867	7217	-0,10%

Sozialbeitrag statt Steuern und Abgaben

ÖNACE 2008	Kurzbezeichnung	Anz. Betr.	Anz. Mitarb	davon unselb	Preis- änderg.
G4721	EH - Obst, Gemüse und Kartoffeln	325	1043	698	1,00%
G4722	EH - Fleisch und Fleischwaren	270	2833	2564	-1,74%
G4723	EH - Fisch und Fischerzeugnisse	47	222	172	0,00%
G4724	EH - Back- und Süßwaren	239	4562	4339	-3,43%
G4725	EH - Getränke	570	1828	1252	0,76%
G4726	EH - Tabakwaren	2844	9633	6774	2,61%
G4729	Sonst. EH - Nahrungsmittel	655	3594	2955	0,70%
G4730	EH - Motorkraftst. (Tankstellen)	1471	11122	9710	2,76%
G4741	EH - Datenverarbeitungsgeräte	1163	3811	2699	0,70%
G4742	EH - Telekommunikationsgeräte	317	1549	1237	1,10%
G4743	EH - Unterhaltungselektronik	949	6078	5190	1,85%
G4751	EH - Textilien	889	3165	2306	-0,43%
G4752	EH - Metallwaren und Baubedarf	3197	22327	19272	0,19%
G4753	EH - Vorhänge/Teppiche u Tapeten	205	1140	945	-0,55%
G4754	EH - Elektr. Haushaltsgeräte	608	2517	1915	0,71%
G4759	EH - Möbel u Einrichtungsgegenst	2647	28600	26070	-0,14%
G4761	EH - Bücher	450	4723	4302	0,21%
G4762	EH - Zeitschriften u Bürobedarf	438	2553	2135	0,21%
G4763	EH - Bespielte Ton- u Bildträger	80	215	132	1,61%
G4764	EH - Fahrräder und Sportartikel	1754	12158	10417	-0,27%
G4765	EH - Spielwaren	471	2283	1826	0,66%
G4771	EH - Bekleidung	3587	40830	37444	-0,37%
G4772	EH - Schuhe und Lederwaren	918	10283	9419	-0,51%
G4773	Apotheken	1413	16265	14557	0,82%
G4774	EH - Medizinische Artikel	326	3009	2719	-2,55%
G4775	EH - Körperpflegemittel	715	17554	16875	-0,93%
G4776	EH - Blumen/Pflanzen u Tiere	1801	9907	8076	-0,87%
G4777	EH - Uhren und Schmuck	1414	6122	4753	0,10%
G4778	Sonst. EH in Verkaufsräumen	2434	12061	9716	1,24%
G4779	EH - Antiquitäten u Gebrauchtwar	977	2691	1715	-1,03%

ÖNACE 2008	Kurzbezeichnung	Anz. Betr.	Anz. Mitarb	davon unselb	Preis- änderg.
G4781	EH - Nahrungsmit. Verkaufsständ.	336	942	592	0,80%
G4782	EH - Bekleidung a Verkaufsständ.	147	312	162	-0,36%
G4789	EH - Sonst. Güter an Verkaufsst.	448	850	394	1,16%
G4791	Versand- und Internet-EH	894	3962	3098	2,16%
G4799	Sonst. EH; o. Verkaufräum/Märkte	2028	3949	1937	0,68%
H4910	Eisenbahnfernverkehr (Personen)	8	3174	3174	-1,86%
H4920	Eisenbahnverkehr (Güter)	19	8325	8318	-1,99%
H4931	Nahverkehr zu Lande (Personen)	83	19356	19291	-12,12%
H4932	Betrieb Taxis	4273	20052	15682	-5,18%
H4939	Landverkehr a.n.g. (Personen)	931	16051	15226	-3,80%
H4941	Güterbeförderg im Straßenverkehr	6400	56877	50717	-1,06%
H4942	Umzugstransporte	170	1028	856	-4,50%
H4950	Transport in Rohrfernleitungen	6	458	457	1,25%
H5030	Binnenschifffahrt (Personen)	84	434	359	-2,03%
H5040	Binnenschifffahrt (Güter)	9	71	66	3,37%
H5110	Luftfahrt (Personen)	170	6617	6466	1,34%
H5121	Luftfahrt (Güter)	8	15	7	2,55%
H5210	Lagerei	115	1647	1590	-4,46%
H5221	Sonst. Dienstl - Landverkehr	340	18864	18566	-3,11%
H5222	Sonst. Dienstl - Schifffahrt	14	101	90	1,61%
H5223	Sonst. Dienstl - Luftfahrt	57	6573	6538	-6,32%
H5224	Frachtumschlag	10	45	35	-1,06%
H5229	Sonst. Dienstl a.n.g. - Verkehr	808	22248	21724	1,71%
I5510	Hotels, Gasthöfe und Pensionen	12024	100989	88498	-4,45%
I5520	Ferienunterkünfte	3357	7686	3765	-1,28%
I5530	Campingplätze	272	1015	722	-2,18%
I5590	Sonst. Beherbergungsstätten	550	1268	660	-1,69%
I5610	Restaurants, Gaststätten, u.Ä.	26795	149190	122090	-4,10%
I5621	Event-Caterer	344	4006	3661	-4,23%
I5629	Sonst. Verpflegungsdienstl	368	7167	6861	-4,61%

Sozialbeitrag statt Steuern und Abgaben

ÖNACE 2008	Kurzbezeichnung	Anz. Betr.	Anz. Mitarb	davon unselb	Preis- änderg.
I5630	Ausschank Getränken	2363	13019	10672	-2,68%
J5811	Verlegen Büchern	353	1983	1664	-2,31%
J5812	Verlegen Adressbüchern	12	570	561	-4,97%
J5813	Verlegen Zeitungen	129	4261	4169	-1,18%
J5814	Verlegen Zeitschriften	381	3231	2906	-2,07%
J5819	Sonst. Verlagswesen (o Software)	94	396	309	-3,07%
J5821	Verlegen Computerspielen	7	18	15	-7,91%
J5829	Verlegen sonst. Software	177	2424	2275	-6,56%
J5911	H.v. Filmen u Fernsehprogrammen	1671	4451	2785	-4,34%
J5912	Nachbearbeitg u sonst Filmtechn	86	183	97	-3,36%
J5913	Filmverleih und -vertrieb	67	237	174	1,76%
J5914	Kinos	95	1865	1788	-0,32%
J5920	Tonstudios und Musikverlage	681	1168	476	-0,06%
J6010	Hörfunkveranstalter	41	517	492	-3,80%
J6020	Fernsehveranstalter	41	4309	4274	-3,31%
J6110	Leitungsgeb. Telekommunikation	111	2347	2253	-1,10%
J6190	Sonst. Telekommunikation	202	909	709	1,50%
J6201	Programmierungstätigkeiten	4902	24326	19557	-4,58%
J6202	Erbringung IT-Beratungsleistgen	2235	10127	7995	-3,43%
J6203	Betrieb Datenverarbeitgsanlagen	414	3988	3595	-5,32%
J6209	Sonst. IT-Dienstleistungen	2413	7548	5274	-3,48%
J6311	Datenverarbeitung u Hosting	3532	14760	11409	-3,48%
J6312	Webportale	224	1351	1167	-2,73%
J6391	Korrespondenz- u Nachrichtenbüro	60	951	895	-9,92%
J6399	Informationsdienstl a.n.g.	83	617	547	-6,34%
K6492	Spezialkreditinstitute	60	2664	2664	3,04%
K6499	Sonst. Finanzdienst a.n.g.	97	362	362	1,21%
K6511	Lebensversicherung	14	2679	2679	3,21%
K6512	Nichtlebensversicherungen	29	19206	19206	1,98%
K6520	Rückversicherungen	4	5303	5303	0,75%

ÖNACE		Anz.	Anz.	davon	Preis-
2008	Kurzbezeichnung	Betr.	Mitarb	unselb	änderg.
K6530	Pensionskassen und Pensionsfonds	16	320	320	3,77%
K6611	Effekten- und Warenbörsen	3	105	104	-3,55%
K6612	Effekten- und Warenhandel	59	267	228	0,38%
K6619	Sonst. Finanzdienstleistungen	1434	3728	2379	-1,39%
K6621	Risiko- und Schadensbewertung	125	534	419	-4,04%
K6622	Versicherungsvermittlung	3806	12260	8507	-3,35%
K6629	Sonst. Versicherungsdienstl	64	339	280	-8,05%
K6630	Fondsmanagement	63	1173	1152	0,69%
L6810	Kauf und Verkauf Realitäten	1614	2384	1299	2,16%
L6820	Vermietung Realitäten	13013	32040	21268	0,67%
L6831	Vermittlung Realitäten	4127	9695	6161	-1,10%
L6832	Verwaltung Realitäten	2681	10533	8508	-2,77%
M6910	Rechtsberatung	5607	25304	18060	-3,42%
M6920	Wirtschaftsprfg u Steuerberatg	7396	35683	28330	-6,82%
M7010	Führung Unternehmen	3028	26002	24207	-4,03%
M7021	Public-Relations-Beratung	1232	2759	1550	-2,03%
M7022	Unternehmensberatung	10967	26241	15983	-3,00%
M7111	Architekturbüros	5853	17480	9960	-2,67%
M7112	Ingenieurbüros	9725	40585	30255	-4,40%
M7120	Techn/physikal/chem Untersuchung	1141	5307	4233	-5,89%
M7211	F&E - Biotechnologie	58	2358	2325	-8,51%
M7219	F&E - Naturwissensch u Medizin	673	7501	6939	-9,91%
M7220	F&E - Rechts- u Sozialwissensch	314	672	355	-4,63%
M7311	Werbeagenturen	8867	24652	15814	-0,67%
M7312	Vermittlung Werbezeiten/-flächen	159	2143	2027	2,05%
M7320	Markt- und Meinungsforschung	252	2300	2053	-5,18%
M7410	Ateliers für Design	1540	2460	859	-0,90%
M7420	Fotografie und Fotolabors	1820	3517	1671	-1,40%
M7430	Übersetzen und Dolmetschen	1116	1553	411	0,70%
M7490	Sonst. freiberufl Tätigkeiten	2277	4912	2730	-1,12%

Sozialbeitrag statt Steuern und Abgaben

ÖNACE 2008	Kurzbezeichnung	Anz. Betr.	Anz. Mitarb	davon unselb	Preis- änderg.
M7500	Veterinärwesen	1889	4903	2769	-0,68%
N7711	Vermietung Kraftwagen <=3,5t	362	2269	1991	2,18%
N7712	Vermietung Kraftwagen >3,5t	74	340	286	2,30%
N7721	Vermietung Sportgeräten	313	1088	760	-1,96%
N7722	Videotheken	131	470	334	-0,81%
N7729	Vermietg sonst Gebrauchsgütern	395	1880	1505	-1,77%
N7731	Vermietung landwirt. Maschinen	139	219	50	3,71%
N7732	Vermietung Baumaschinen	328	1462	1174	-0,90%
N7733	Vermietung Büromaschinen	44	175	139	1,04%
N7734	Vermietung Wasserfahrzeugen	13	30	16	1,99%
N7735	Vermietung Luftfahrzeugen	85	183	119	2,84%
N7739	Vermietung sonst. Maschinen	505	2387	1959	0,64%
N7740	Leasing immateriellen Vermögen	134	534	424	-2,22%
N7810	Vermittlung Arbeitskräften	293	1736	1480	-6,26%
N7820	Arbeitskräfteüberlassg, befrist	642	65155	64650	-16,63%
N7830	Arbeitskräfteüberlassung, sonst.	211	13259	13122	-16,66%
N7911	Reisebüros	922	9009	8269	2,55%
N7912	Reiseveranstalter	118	1376	1275	3,29%
N7990	Sonst. Reservierungsdienstl	541	1395	902	-0,02%
N8010	Private Wach-/Sicherheitsdienst	225	12999	12806	-14,53%
N8020	Sicherheitsdienst m Alarmsysteme	18	111	93	-3,43%
N8030	Detekteien	143	650	510	-5,62%
N8110	Hausmeisterdienste	1792	11907	10148	-5,56%
N8121	Allgemeine Gebäudereinigung	1727	50067	48406	-11,73%
N8122	Spezielle Reinigung Gebäuden	782	6696	5903	-8,76%
N8129	Reinigung a.n.g.	543	4738	4235	-2,10%
N8130	Garten- und Landschaftsbau	1294	6753	5426	-3,89%
N8211	Sekretariatsdienste	382	1094	732	-3,33%
N8219	Copy-Shops	388	1005	626	-2,97%
N8220	Call Centers	170	4983	4871	-11,05%

ÖNACE 2008	Kurzbezeichnung	Anz. Betr.	Anz. Mitarb	davon unselb	Preis- änderg.
N8230	Messe- und Kongressveranstalter	424	2477	2106	-1,67%
N8291	Inkassobüros und Auskunfteien	123	1510	1425	-4,32%
N8292	Abfüllen und Verpacken	75	876	800	-4,80%
N8299	Wirtschaftliche Dienstl a.n.g.	954	5330	4456	-3,18%
S9511	Rep Datenverarbeitungsgeräten	126	701	565	-4,92%
S9512	Rep Telekommunikationsgeräten	34	296	268	-2,35%
S9521	Rep Unterhaltungselektronik	164	423	261	-1,90%
S9522	Rep elektr. Haushaltsgeräten	151	599	455	-3,40%
S9523	Rep Schuhen und Lederwaren	201	426	227	-2,81%
S9524	Rep Möbeln	135	240	101	-1,03%
S9525	Rep Uhren und Schmuck	49	85	39	-3,30%
S9529	Rep sonst. Gebrauchsgütern	568	1250	688	-2,85%

Sozialbeitrag statt Steuern und Abgaben

Anhang 4 – Vollbeschäftigung

Zu diesem Begriff findet man unterschiedlichste Definitionen:

Vollbeschäftigung liegt vor, wenn es mehr offene Stellen gibt als Bürger, die Arbeit suchen. Politik und Wissenschaft gehen allerdings davon aus, dass viele Arbeitsuchende auch in einer solchen Situation etwas Zeit brauchen, um eine passende neue Stelle zu finden. Daher werden einige Bürger selbst unter optimalen Bedingungen vorübergehend keine Beschäftigung haben. Die Wissenschaft spricht hier von friktioneller Arbeitslosigkeit, weil sie durch Schwierigkeiten (Friktionen) bei der Jobsuche hervorgerufen wird. Sie ist der Grund, weshalb Vollbeschäftigung nicht mit einer Arbeitslosenquote von Null gleichgesetzt wird, sondern schon bei 2 bis 4 Prozent erreicht ist. (Quelle: http://www.wirtschaftundschule.de/lehrerservice/lexikon/v/vollbeschaeftigung/)

In engerer Fassung bezieht sich Vollbeschäftigung nur auf den Faktor Arbeit. Die wichtigsten Varianten dieser Definition sind: · Die Zahl der Arbeitslosen entspricht der Zahl der offenen Stellen. · Die Arbeitslosenquote liegt unterhalb einer bestimmten Grenze; das Spektrum der dabei genannten Sätze schwankt im Zeitablauf und reicht von 0,8% bis 4%. Die Arbeitslosenquote wird im allgemeinen gemessen, indem man die Zahl der Arbeitslosen zur Zahl der Erwerbspersonen in Beziehung setzt. Unterschiede ergeben sich dabei je nachdem, ob die Erwerbspersonen die Selbständigen einschliessen (Erwerbspersonen insgesamt) oder nur die abhängigen Erwerbspersonen (Summe aus Arbeitslosen und abhängig Beschäftigten) umfassen. Die internationale Vergleichbarkeit von Arbeitslosenquoten wird dadurch erschwert, dass sowohl die Arbeitslosen als auch die Erwerbspersonen in den einzelnen Ländern unterschiedlich abgegrenzt werden. 1954 machte das Internationale Arbeitsamt einen Versuch, Arbeitslosigkeit einheitlich und allgemein verbindlich zu definieren. Als Arbeitslose sollten solche Personen gezählt werden, die arbeitsfähig, gegenwärtig aber stellungslos sind und nach einer Beschäftigung suchen, gleichgültig, ob sie vorher beschäftigt waren, nur vorübergehend beurlaubt sind, bereits die Altersruhegrenze erreicht haben oder die Stellen erst für spätere Zeit suchen. (Quelle: http://www.wirtschaftslexikon24.com/d/vollbesch äftigung/vollbeschäftigung.htm)

Sozialbeitrag statt Steuern und Abgaben

Der Autor

Alexander Pfeiffer, 1970 in Wien (Österreich) geboren und aufgewachsen in Baden, ist seit mehr als 25 Jahren im Rechnungswesen in unterschiedlichsten Branchen tätig. Steuern und Steuersysteme beschäftigen ihn bereits seit dem Besuch der Handelsakademie in Baden und begleiten ihn auch durch seine Berufslaufbahn. Angestelltenverhältnisse als auch selbständige Tätigkeiten formten den Blick aufs Ganze und das Interesse an einem für alle attraktiven System, das auch den Erhalt einer sozialen Absicherung ermöglicht.

FSC
www.fsc.org
MIX
Papier | Fördert
gute Waldnutzung
FSC® C083411

Zeitfracht Medien GmbH
Ferdinand-Jühlke-Straße 7
99095 Erfurt, Deutschland
produktsicherheit@kolibri360.de